Entre a vida / e a inteligência artificial

Direção editorial: *Eduardo Viegas Meirelles Villela*
Coordenação editorial: *Ana Carolina Santin Guerra*
Revisão: *Ricardo Bonacorci*
Diagramação e projeto gráfico de miolo: *Marcelo da Paz*
Arte completa de capa: *Vitória Brunkhorst*
Fechamento de capa: *Marcelo da Paz*

Dados Internacionais de Catalogação na Publicação (CIP)
Bibliotecária Juliana Farias Motta CRB7- 5880

S277e Scabeni, Fábio
Entre a vida e a inteligência artificial: o despertar para a criação do seu Segundo Cérebro na IA como fonte essencial de oportunidades para a sua carreira e os seus negócios / Fábio Scabeni. — São Paulo: EV Publicações, 2026.

240 p.; 17 x 24 cm .

ISBN: 978-65-87369-58-7

1. Inteligência artificial. 2. Tecnologia. 3. Administração. Título: o despertar para a criação do seu Segundo Cérebro na IA como fonte essencial de oportunidades para a sua carreira e os seus negócios

CDD 658.4

Índice para catálogo sistemático:
Inteligência artificial
Tecnologia
Administração

Caso deseje adquirir lotes de exemplares do livro, entre em contato pelo e-mail eduvillela@evpublicacoes.com.br ou pelo WhatsApp (11) 96851-1515.
Para atendimento ao cliente, utilize, por gentileza, os mesmos contatos acima.

FÁBIO SCABENI

Entre a vida / e a inteligência artificial

O despertar para a criação do seu Segundo Cérebro na IA como fonte essencial de oportunidades para a sua carreira e os seus negócios

EV PUBLICAÇÕES

Dedicatória

Em memória do meu primo Volmei e de todos que, antes de partirem, nos mostraram que a grandeza de uma vida não está na duração, mas na coragem de vivê-la por inteiro, com intencionalidade e lucidez.

Agradecimentos

Este é o primeiro livro que escrevo. E exatamente por ser o primeiro, sinto-me na obrigação de tornar esta página de agradecimentos algo profundamente verdadeiro, longe de qualquer formalidade superficial. Este livro não é apenas meu. Ele é o somatório das influências, dos gestos e dos exemplos de pessoas que, conscientes ou não, ajudaram a lapidar quem sou hoje. Cada linha aqui escrita existe porque muitas outras pessoas, antes e ao meu lado, deixaram suas marcas em minha trajetória.

Por isso, faço questão de começar registrando minha gratidão aos meus ancestrais — bisavós e avós cujas histórias conheço — que, com mãos calejadas e escolhas difíceis, cravaram valores que resistiram ao tempo e chegaram até aqui. Aos meus pais, que me ensinaram o valor de fazer o certo, mesmo quando custa mais caro, mesmo quando o mundo insiste no caminho mais fácil. Foram eles que me mostraram, na prática e não apenas nas palavras, o que realmente significa ter caráter. À minha mãe, Nara, agradeço a Deus pela honra de ser seu filho. Uma mulher cuja vida é exemplo de determinação e que, através da própria história, me conscientizou sobre o poder transformador da educação. Foi por sua inspiração e estímulo que decidi cursar Administração e me especializar como estrategista. Ao meu pai, José Nerci, cuja vida foi marcada por circunstâncias difíceis, que fariam com que muitos, em seu lugar, não estivessem hoje lúcidos ou presentes para transformar seus dramas em histórias de resiliência. Em vez de usar as dificuldades como desculpas, ele as transformou em um exemplo vivo de coragem e integridade, mostrando-me, na prática, o verdadeiro significado da palavra superação. À minha irmã Emeli, que divide comigo o mesmo sangue e as memórias que nos forjaram, e que, com a delicadeza e a fragilidade natural da irmã caçula, despertou cedo em mim o instinto protetor, a coragem e a responsabilidade de defender aqueles que precisam.

Sou imensamente grato à minha esposa, Jaqueline, que há quase uma década e meia decidiu caminhar ao meu lado, quando eu era apenas vontade e esforço, sem qualquer garantia de sucesso. Ela aceitou acompanhar meu ritmo intenso, minha inquietação constante e minha obsessão por abraçar desafios e projetos que muitos consideravam impossíveis. É minha crítica mais sincera e exigente, mas também meu ponto de lucidez, especialmente nos momentos mais dramáticos. Sou grato por ela ter aceitado dividir minha energia e atenção com tantas pessoas que já liderei e ainda lidero — e, sobretudo, por ter feito grandes renúncias profissionais e pessoais, incluindo viver longe de seus pais e irmão, para que pudéssemos construir nossa vida juntos. Minha gratidão se estende também aos meus sogros e ao meu cunhado, que generosamente aceitaram a distância da Jaque, apoiando as decisões que tomamos para que pudéssemos trilhar esse caminho em comum.

Chegou a hora de agradecer à pessoa mais especial do meu mundo: minha filha Cecília. Ela é o marco definitivo da minha vida, o ponto de virada que redefiniu tudo o que eu entendia como prioridade e propósito. Desde o instante em que nasceu, percebi que meu tempo já não me pertencia apenas. Foi por ela — e para ela — que mergulhei profundamente no universo da inteligência artificial, buscando formas concretas e práticas para garantir que, mesmo na minha ausência física, ela tivesse acesso ao meu pensamento, aos meus conselhos e às minhas experiências. Cecília talvez ainda não saiba, mas cada linha deste livro traz um pouco da sua presença, e existe sobretudo por causa dela. Sou grato à minha filha por, mesmo sem perceber, me mostrar com tanta clareza que legado não é o que deixamos para o mundo, mas o que plantamos no coração daqueles que mais amamos.

Ela é meu maior legado, minha maior realização e minha razão mais verdadeira.

Além da minha família, sou grato à Dulce, que há mais de vinte anos me contratou como estagiário no Grupo VIASOFT, quando eu não passava de um jovem inquieto, inexperiente e cheio de vontade de fazer a diferença. Conheci poucas pessoas com o dom e o tato para identificar talentos muito antes de eles próprios estarem prontos — e Dulce é uma dessas raridades. Não à toa, muito do que a VIASOFT é hoje carrega o DNA dela. Seu legado segue vivo, levado adiante por todos que tiveram a sorte de aprender com ela.

Sou também profundamente grato aos professores e líderes que cruzaram meu caminho. Alguns ensinaram com paciência, outros com dureza. Houve quem me tirasse da zona de conforto e quem a chutasse para bem longe. Cada um deles, à sua maneira, me tornou mais preparado para encarar a vida e o mercado.

Agradeço a todos os VIASOFTers com quem já trabalhei e àqueles com quem sigo trabalhando. São eles que acordam todos os dias para transformar estratégia em execução, que não se contentam com o que é, mas perseguem incansavelmente o que pode ser. Uma das maiores fortalezas da VIASOFT sempre foram — e continuam sendo — as pessoas comprometidas que a compõem. Como líder, sei que sou apenas a média da nota de todos que estão comigo; por isso, é uma honra imensa liderar um time tão extraordinário. Os VIASOFTers são a prova viva de que cultura não se escreve em manuais ou paredes: ela se constrói nos detalhes, se confirma nas atitudes e se sustenta no coletivo.

"Legado não é o que deixamos para o mundo, mas o que plantamos no coração daqueles que mais amamos."

Sou especialmente grato a Itamir Viola, meu grande líder e mentor estrategista: um empreendedor visionário, inquieto e exigente, que me lapidou em muitas dimensões. Muitos dos feitos extraordinários com a inteligência artificial relatados neste livro só foram possíveis porque, há mais de uma década, mantenho um diário de bordo em que registro minhas atribuições de valor às diferentes experiências — um hábito que nasceu de um conselho do próprio Viola, dado numa longa viagem de carro que fizemos cruzando diversos estados brasileiros em busca de empresas que nossos ERPs podiam apoiar. Seu raciocínio moldou profundamente a maneira como penso, decido e estruturo o aprendizado até hoje. Sou grato, sobretudo, pela confiança enorme ao me entregar o comando do Grupo VIASOFT, empresa que ele mesmo fundou e até então conduzia como CEO. Não encaro isso como simples sucessão, mas como um compromisso diário de honrar o que ele construiu e projetar esse legado ainda mais longe.

Agradeço a Roberto Elias da Silva que, ao lado de sua esposa, Janete, acolheu o desejo de Viola de me conceder sociedade no Grupo VIASOFT — empresa em que comecei como estagiário e da qual me tornei sócio por mérito, após cumprir as metas desafiadoras que sempre me foram colocadas. Meu senso moral e minha postura de dono existiram desde o primeiro dia, mas passaram a estar formalizados em contrato — e esse reconhecimento vale mais do que qualquer participação acionária. Roberto sempre demonstrou escuta ativa e respeito genuíno pelas minhas decisões. Foi decisivo em inúmeros momentos como diretor e vice-presidente e é ainda mais essencial hoje, como sócio conselheiro, pronto para orientar e deliberar em situações que exigem uma combinação poderosa de experiência e serenidade.

Não poderia deixar de agradecer ao José Salibi Neto, que num gesto generoso me conectou ao João Cordeiro justamente no ano em que eu assumia o comando do Grupo VIASOFT, enquanto, ao mesmo tempo, enfrentava um drama pessoal que será contado ao longo deste livro. Salibi aceitou fazer comigo uma mentoria por videochamada, em plena pandemia, num momento de grandes incertezas, e dessa conversa nasceu a ponte para que eu conhecesse o João. O que começou como uma relação entre mentor e mentorado evoluiu para algo muito maior: João se tornou um amigo, alguém que compartilhou visões, fez provocações e esteve presente de forma determinante em momentos-chave da minha jornada. Neste livro, você encontrará episódios em que João foi o verdadeiro exemplo de *accountability*, conceito que ele mesmo ensina em sua obra — e que foram cruciais para que eu seguisse adiante.

Também agradeço a Eduardo Villela, o "*Book Advisor*", profissional com mais de 20 anos de experiência no mercado editorial brasileiro, que já atuou em mais de 750 títulos, em áreas que vão da Gestão e dos negócios ao comportamento, às biografias e à ficção. Foi ele quem me guiou na intensa jornada de estruturar e escrever este livro em tempo recorde, oferecendo assessoria minuciosa em cada etapa. Vale dizer que foi o próprio João Cordeiro quem insistiu para que eu escrevesse um livro e me conectou a Villela, reforçando, mais uma vez, a importância dessas conexões.

Sou grato ainda a Eugenio Mussak, outra ponte que surgiu por meio de João Cordeiro. Já o admirava desde a época da universidade, quando lia suas colunas e artigos nas revistas mais respeitadas do país. Hoje tenho o privilégio de conversar com ele quase semanalmente e de estarmos juntos na construção de projetos que envolvem inteligência artificial. Meu agradecimento a Mussak por sua generosidade ao contribuir com esta obra, escrevendo algumas palavras ao lado de Viola e João — o que a tornou ainda mais valiosa.

E, claro, minha gratidão se estende a todos que, mesmo sem terem seus nomes citados aqui, fizeram parte da minha trajetória: amigos, colegas, familiares, padrinhos, clientes, parceiros estratégicos, integrantes de clubes e grupos profissionais. Cada um deixou alguma marca que contribuiu para que este livro existisse.

Por fim, agradeço a Deus: pela vida, pela lucidez que me concedeu num tempo em que o mundo parece cambalear diante das mudanças impostas pela inteligência artificial; pela oportunidade de não apenas viver esta transição histórica, mas também de deixar algo que possa servir além de mim — que seja útil à minha filha, à minha família, aos meus colegas, aos líderes que virão e, quem sabe, até a pessoas que jamais conhecerei.

Se alguma parte deste livro tocar você, é porque fui abençoado por pessoas e circunstâncias que me ajudaram a chegar até aqui. Se errei, assumo sem reservas; mas, se acertei, foi porque Deus, em sua generosidade, me permitiu não caminhar sozinho e transformar vivências em aprendizado que agora posso compartilhar.

Sumário

Apresentação

Eita!... Esse é o sentimento com que começo este texto de apresentação. Por um lado, é fácil de escrever, pois conheço a trajetória do autor desde que ingressou na empresa como estagiário; por outro, é difícil devido à importância deste livro — pela sua abrangência e por aquele sentimento de *eita*! que não posso deixar de citar, e que é o mais importante.

Bem, sobre o autor: se há uma pessoa, um profissional que sempre correu atrás de conhecimento, se desafiou, esse é Fábio. Em todos os momentos na empresa, no crescimento de sua carreira, quando foi demandado por novos desafios, ele os agarrou sem medo, mas com a resiliência de aprender e de testar com cuidado os novos conceitos. Claramente, isso o levou de estagiário a CEO, numa carreira impressionante.

E, observando aquela máxima de que nosso passado inspira nosso futuro, o superconteúdo presente neste livro é exatamente isso: alguém se desafiando, usando tudo o que tem à disposição, buscando conhecimento de forma insistente para inovar, criar caminhos e nos trazer esta monumental obra que é *Entre a vida e a inteligência artificial*.

Outra situação ainda me vem de forma clara: sempre que nos expomos a riscos iminentes, o ser humano cria coisas extraordinárias, como a evolução durante períodos de guerra, em que a humanidade avançou de forma exponencial no desenvolvimento de tecnologias. Esse momento de Fábio foi certamente um período de guerra, que, obviamente, o auxiliou a nos trazer esta obra-prima de evolução humana.

Agora, sobre esta obra incrível: Fábio nos apresenta, em 13 capítulos, um roteiro para quem deseja evoluir de forma consistente — não com fórmulas mágicas ou ilusões, mas com uma consistência avassaladora. Acompanho, como presidente do conselho da VIASOFT, os resultados concretos que essa evolução trouxe para o grupo.

Entre os resultados, posso citar a redução dos cargos de gestão, pois o que a IA entrega de melhor é justamente a aproximação entre o nível mais alto de liderança de uma corporação, o CEO, e o nível operacional. Isso reduz custos e aumenta a eficácia. Por quê? Porque o Segundo Cérebro se dissemina nos níveis operacionais, como se o CEO estivesse presente também neles. Soma-se a isso a agilidade na tomada de decisão: imagine o CEO ao lado do coordenador, no nível operacional, 24x7. Antes ele era apenas um; agora está multiplicado quantas vezes for necessário. Há ainda a redução do tempo de treinamento, já que o conhecimento que antes precisava ser acumulado e disseminado em todos os níveis da organização agora está documentado e disponível por meio de uma simples e bem formulada pergunta em um *prompt*. Isso permite que os demais níveis concentrem seus aprendizados e conteúdos em suas especialidades, utilizando o Segundo Cérebro para o alinhamento decisório com a empresa e com o CEO. E, por fim, destaco uma melhora significativa da rentabilidade do negócio, pois sempre que somos mais eficientes, fazemos mais com menos e nos tornamos mais competitivos e rentáveis.

Obviamente que tantas outras conclusões deixo para vocês, leitores, fazerem durante a leitura dessa impressionante obra que revoluciona a gestão empresarial.

Mas tenho aqui um conselho: não leia esta obra apenas por ler; faça dela um roteiro de aprendizado e aplicação, porque ela foi construída para isso mesmo — para que você a aplique efetivamente em sua vida. Ah, e sugira-a também a outros gestores, pois, assim como o Fábio está compartilhando o seu melhor conhecimento, é mais que justo que você a indique a colegas que precisam evoluir rapidamente seus modelos de gestão.

A IA está aí, no momento certo para você usá-la. A janela de oportunidade é agora!

Boa leitura!

Itamir Viola é fundador e presidente do conselho do Grupo VIASOFT.

Prefácio

Você já sentiu aquele fascínio diante de uma obra criada por outra pessoa? Já se pegou admirando um projeto de arquitetura, uma escultura, um jardim ou até mesmo um prato elaborado por um grande chef — a ponto de pensar: "Por que eu não tive essa ideia?" Foi exatamente assim que me senti ao ler o manuscrito deste livro.

Como autor de quatro livros, conheço bem o desafio de transformar ideias em palavras e palavras em páginas. Tudo começa com uma inquietação: "E se eu escrevesse um livro?" Minha trajetória com a inteligência artificial foi semelhante à de muitos: comecei explorando versões gratuitas, fazendo perguntas simples, depois evoluí para planos pagos, aprendendo a formular perguntas mais complexas e, por fim, integrei diferentes IAs ao meu fluxo de trabalho. A IA passou a ser parte da minha rotina.

Mas Fábio Scabeni trilhou um caminho diferente. Ele saltou da fase inicial direto para o uso avançado. Já há algum tempo, ele me dizia: "João, estou trabalhando com meu Segundo Cérebro."

Imagine ter um Segundo Cérebro digital, treinado para pensar como você, absorvendo seus valores, seu raciocínio e seu estilo de decisão. Um assistente invisível, mas incrivelmente eficaz, capaz de orientar equipes, tomar decisões táticas e representar sua visão —

enquanto você se dedica ao que só você pode fazer. Parece ficção científica? Pois nas mãos de Scabeni, tornou-se uma realidade concreta e transformadora.

Nas páginas seguintes, você vai descobrir como o autor foi além do uso da IA para produtividade. Ele a incorporou à cultura do Grupo VIASOFT, transformando-a em uma vantagem competitiva poderosa. E, o mais marcante: fez isso enquanto enfrentava uma tragédia pessoal, convertendo dor em força criativa. A vulnerabilidade com que narra esse processo é rara em livros de negócios — e profundamente humana.

Este livro é um verdadeiro mapa de campo, repleto de conhecimento prático. Não são suposições ou teorias: são experiências testadas em situações reais. Scabeni compartilha, com generosidade, os bastidores de sua jornada — da concepção de sua IA pessoal à implementação estratégica, com resultados concretos e mensuráveis.

Acompanhei de perto os frutos dessa trajetória. Sob sua liderança, o Grupo VIASOFT alcançou saltos notáveis em eficiência operacional, desenvolvimento de produtos e, principalmente, na capacidade de escalar o atendimento ao cliente sem aumentar proporcionalmente a estrutura. Isso é disrupção com método.

Enquanto muitos ainda discutem o futuro da IA, Scabeni relata o presente — o que já foi feito, o que está funcionando, o que deu certo. Seu maior diferencial é tornar a IA compreensível e aplicável para qualquer gestor. Ele mostra que inteligência artificial não é privilégio de gigantes do Vale do Silício: é uma alavanca acessível e poderosa para qualquer empresa disposta a aprender.

Fica um alerta: depois desta leitura, sua visão sobre tecnologia e liderança não será mais a mesma. E se você ainda acha que IA é moda passageira, prepare-se para a verdade: não se trata apenas de ficar para trás... trata-se de ser deixado fora do jogo.

Como alguém que acompanhou de perto parte da trajetória profissional do autor, posso afirmar: Scabeni não apenas fala sobre transformação digital — ele vive isso. Cada insight e processo descrito aqui foi validado na prática e gerou resultados impressionantes.

Ao terminar esta leitura, você terá em mãos mais do que conhecimento: terá um roteiro claro e direto para colocar em prática imediatamente. Talvez este seja o investimento mais impactante que você fará em sua carreira ou empresa nos próximos anos.

Boa leitura! Prepare-se: este livro tem o poder de transformar não apenas a sua relação com a tecnologia, mas também a forma como você enxerga e desenvolve o seu próprio potencial de liderança.

João Cordeiro é autor dos livros *Accountability, Desculpability, Culturability* e *Líder Accountable,* assim como consultor, palestrante, mentor de empresários e executivos, estrategista de negócios e especialista em design organizacional.

Mensagem especial ao leitor

Entrei no auditório da Universidade para assistir a um debate entre especialistas de inteligência artificial. O assunto já não era novo, pois era só do que se falava nas últimas semanas, mas era inédito, pois havia mais perguntas angustiadas do que respostas convincentes. O evento já havia começado, mas encontrei um lugar entre as dezenas de jovens que procuravam entender um futuro que já era presente.

Uma voz grave soava dos alto-falantes como se fosse um alerta. A mensagem era clara: a IA já é uma realidade, e, para todos os interessados em sobreviver neste mundo novo, é imperativo aprender a lidar com ela.

"*Mais que uma ferramenta de consulta, de organização ou de solução de problemas complexos, a IA é um amplificador potente de nossa inteligência. Bem usada, pode funcionar como nosso Segundo Cérebro*".

Esta frase é aproximada, mas revela o que estava sendo exposto pelo enfático apresentador em sua palestra, e que teve, sobre mim, na plateia, o efeito de um choque elétrico. Como assim, Segundo Cérebro? Eu mal sei usar o primeiro...

Fábio Scabeni capturou minha atenção de imediato, foi organizando meu pensamento e criando um caminho lógico e bom de ser trilhado. Ele nos contou como o acaso — esse interceptador de destinos — o havia colocado em contato com a ideia de usar a nova tecnologia para associar o grande conhecimento das redes ao seu repertório pessoal e à sua experiência de vida. O resultado é uma IA autoral.

Transformar a IA em um Segundo Cérebro nos convida a pensar além do uso prático dessa tecnologia disruptiva, e amplificar nossa capacidade de pensar, de criar sentido e tomar decisões com mais profundidade. Não se trata de substituir o cérebro original, mas de estender sua capacidade — como um jardineiro que planta uma árvore ao lado da casa para que a sombra e o fruto se tornem parte do lar.

Este livro é aquela palestra ampliada, muito ampliada. E é uma obra necessária para que possamos compreender este momento da História, que nos foi dado viver. Seu autor não conta apenas o que aprendeu, mas o que viveu. E o que vive cotidianamente, na criação de soluções tecnológicas para empresas de todos os tipos e profissionais de todas as especialidades.

Sem medo do exagero semântico, sinto-me diante de um Prometeu moderno, que não roubou o fogo dos deuses, mas a lógica dos algoritmos, e a colocou a serviço da humanidade pensante. A nós, cabe aproveitar o calor desta oportunidade.

Eugenio Mussak é médico e especialista em Desenvolvimento Humano e Organizacional (DHO).

Introdução

O que faz valer a pena ler um livro?

Para mim, é quando ele dá voz a algo que já estava em nós, mas ainda não tinha encontrado palavras. Ou quando suas páginas funcionam como lâminas afiadas e implacáveis cortando vícios, medos e autossabotagens que a gente até poderia enfrentar, mas insiste em fingir que não existem.

É quando uma ideia que nunca passou pela nossa cabeça, depois de lida, simplesmente se recusa a ir embora e muda para sempre a forma como enxergamos o mundo e atribuímos valor às experiências.

É quando o autor não tenta ser genial, tenta ser útil. E, no processo, acaba sendo genial justamente por entregar algo que pode ser aplicado imediatamente em nossas vidas. É quando a leitura não nos distrai da realidade, mas nos devolve a ela com novos olhos.

É quando o livro não se contenta em entreter ou informar, mas nos persegue por dias com reflexões incômodas. E provoca um desconforto tão honesto, tão necessário, que a única saída é evoluir.

E é por isso que preciso te dizer, logo agora, antes mesmo da primeira curva desta página: só siga adiante se sentir que este livro tem algo que realmente vale a pena para você.

Não se trata de um gesto de humildade forçada. É respeito. Respeito ao seu tempo, à sua energia mental e à sua atenção de qualidade.

Se você já se sentiu consumido pelo excesso de vozes, opiniões, posts e informações que bombardeiam a nossa rotina a ponto de causar exaustão, então vai entender o que quero dizer: o que eu menos desejo é ser mais uma distração no meio dessa infotoxicação.

Mas, para que você possa decidir se vale ou não seguir nesta leitura, eu preciso ser claro e direto sobre o que este livro é e o que você vai encontrar nas próximas páginas.

Assim como acontece com praticamente tudo a que me comprometo, mergulhei neste livro de forma obcecada. Assumi o desafio de escrevê-lo num prazo ousado: em apenas quatro meses. E isso, no auge de uma avalanche de projetos estratégicos e enquanto comandava lançamentos envolvendo inteligência artificial no Grupo VIASOFT. O que significou abrir mão do que mais amo: os finais de semana com a minha família, ao lado da minha pequena Ceci e da minha esposa.

Foram vários fins de semana passados em isolamento na casa de campo. Retirava-me nas noites de sexta e só voltava no domingo à noite. Além disso, vieram as noites em claro, as madrugadas longas, a concentração extrema diante da tela do notebook, muitas xícaras de café e a fiel companhia do nosso cachorro, o Paçoca.

Foi assim que este livro nasceu: escrito com raiva, com amor, com urgência. Como quem não teve escolha. Como quem precisava escrever antes que fosse tarde demais.

Este é um livro que escrevi meses depois de lidar com a dor da perda de um primo, vítima de um tumor cerebral, e logo em seguida experimentar o drama da possibilidade de estar enfrentando o mesmo problema, encarando de frente a crença de que eu também poderia estar com os dias contados.

Diante da possibilidade da minha própria partida, uma pergunta me consumia: como minha filha poderia entender quem eu fui, quais foram meus sonhos e o que me movia, caso eu não estivesse mais aqui?

Foi essa inquietação que me levou à obsessão por desenvolver um Segundo Cérebro na inteligência artificial. Não se tratava apenas de um projeto tecnológico, mas de uma missão pessoal: criar uma extensão digital de mim mesmo que preservasse minhas experiências, conhecimentos e modos de pensar. Algo que pudesse, de alguma forma, transcender minha existência física.

O destino, porém, tinha outros planos. O que começou como um mecanismo de sobrevivência emocional evoluiu para uma jornada profunda de autoconhecimento e inovação. Percebi que a mesma tecnologia que poderia preservar meu legado para minha filha também poderia revolucionar a forma como trabalhamos, pensamos e vivemos.

A relevância deste tema é inegável. Estamos vivendo a maior transformação da História da humanidade desde a Revolução Industrial. A inteligência artificial está redesenhando, com velocidade exponencial, todas as profissões, modelos de negócios e até mesmo nossa compreensão sobre o que significa ser humano.

Não é apenas uma tendência tecnológica passageira, é uma revolução silenciosa que já está em curso. Desta vez, diferente de revoluções anteriores que levaram décadas para se estabelecer, a IA avança em ritmo acelerado. Organizações e profissionais que ignorarem essa realidade correm o risco de se tornarem irrelevantes em questão de meses, não anos. O abismo entre quem domina essa tecnologia e quem a observa à distância cresce a cada dia.

Este livro é destinado a profissionais, líderes, empresários, empreendedores — e a qualquer pessoa que não queira apenas sobreviver, mas prosperar nesta nova era.

Não importa se você é CEO de uma grande corporação, gestor em uma empresa familiar, profissional liberal, autônomo ou está apenas começando sua carreira: a IA vai impactar seu trabalho e sua vida. A questão é: você estará preparado?

Minha intenção aqui não é oferecer soluções mágicas ou prometer transformações milagrosas. Este livro nasce de experiências reais, testadas no dia a dia dos negócios — dentro do ecossistema do Grupo VIASOFT, organização que tenho o privilégio de liderar como CEO e que se tornou o laboratório ideal para as ideias, conceitos e métodos que compartilho nestas páginas.

Com sua estrutura multinegócios e centenas de colaboradores, o Grupo VIASOFT foi o terreno fértil onde pude experimentar, errar, acertar e refinar cada abordagem que você encontrará aqui.

Nossos clientes, parceiros e equipes foram os primeiros a testemunhar como a aplicação estratégica da IA pode transformar resultados e levar organizações a um novo patamar de desempenho.

Um ponto importante: este não é um livro sobre tecnologia. É um livro sobre pessoas, processos e a transformação mental necessária para navegar neste novo mundo.

Você não precisa ser especialista em tecnologia para capturar valor da IA. Precisa de um guia confiável para evitar armadilhas e aproveitar as oportunidades. É exatamente isso que eu pretendo ser ao longo destas páginas.

Você vai descobrir como construir seu próprio Segundo Cérebro na IA — e como isso pode revolucionar sua produtividade, criatividade e capacidade de resolver problemas complexos.

Vou compartilhar métodos que desenvolvi, erros que cometi (para você não precisar repeti-los), e descobertas que mudaram completamente a minha forma de pensar, decidir e viver.

No Capítulo 1, narro a história pessoal que me levou a mergulhar na IA: como o luto pela perda do meu primo e um laudo médico se transformaram no combustível para uma obsessão que mudaria profundamente minha vida profissional e pessoal.

O Capítulo 2 revela por que me tornei tão determinado a criar um Segundo Cérebro na IA, explorando questões fundamentais sobre energia mental, gestão do tempo e a busca por um modo mais inteligente de trabalhar e viver.

No Capítulo 3, mostro como o inconformismo pode superar a falta de conhecimento técnico, compartilhando como minha determinação me permitiu avançar mesmo quando especialistas diziam que minha ideia era impossível.

O Capítulo 4 detalha as etapas práticas para transformar a IA em uma verdadeira extensão do seu cérebro, com métodos testados e comprovados que você pode implementar imediatamente no seu dia a dia.

No Capítulo 5, aprofundo as técnicas para aprimorar seu Segundo cérebro na IA, incluindo estratégias para treiná-lo com suas próprias experiências, histórias e conhecimentos — tornando-o ainda mais personalizado e poderoso.

O Capítulo 6 funciona como um diário de bordo, relatando as experiências reais e os resultados mensuráveis do meu primeiro ano utilizando o Segundo Cérebro na IA, com dados concretos sobre o impacto na produtividade, no foco e na qualidade das decisões.

No Capítulo 7, revelo o que considero o maior trunfo de todo esse processo: o pensamento híbrido — a capacidade de combinar o melhor da cognição humana com o poder da IA para atingir níveis inéditos de performance e clareza mental.

O Capítulo 8 traz uma reflexão crítica e necessária: a IA nos libertará do trabalho excessivo ou nos aprisionará em uma espiral de demandas sem fim? Compartilho os efeitos colaterais que descobri na prática e que poucos estão falando a respeito.

No Capítulo 9, abordo a necessidade de uma reconfiguração mental para utilizar a IA de forma saudável e sustentável, com a criação de um novo "*prompt*" para o cérebro biológico — que nos mantenha centrados, lúcidos e eficazes.

O Capítulo 10 oferece um guia prático para usar a IA como vantagem competitiva imediata na sua carreira, independentemente do seu nível hierárquico ou área de atuação. É um capítulo direto, aplicável, e que pode fazer diferença já na próxima reunião.

No Capítulo 11, apresento o melhor caminho para implementar a IA dentro das empresas, com lições aprendidas na transformação do Grupo VIASOFT e estratégias claras para evitar armadilhas comuns que comprometem a cultura e os resultados.

O Capítulo 12 demonstra como a IA pode ser o motor que impulsiona as vendas em qualquer negócio, revolucionando desde o treinamento até a execução da estratégia comercial — com ganhos reais de escala, inteligência e personalização.

Por fim, o Capítulo 13 traz reflexões pessoais sobre as mudanças inevitáveis que a IA provocará nas carreiras, nos negócios e na vida. É uma visão que vai além da tecnologia e toca o cerne do que significa ser humano em um mundo que parece ser artificialmente inteligente.

Agora que você sabe o que tem nas mãos, volto à pergunta que abriu esta conversa: o que faz valer a pena ler um livro?

Este vale se você estiver cansado de ficar na arquibancada assistindo o jogo virar, e disposto a entrar em campo antes que seja tarde. Vale se você entendeu que a IA não é um modismo, nem um truque futurista, é um divisor de águas. Vale se você está pronto para assumir que pensar continua sendo sua responsabilidade, e que terceirizar isso é o começo do fim da sua relevância.

Você pode usar este livro como um manual para construir seu Segundo cérebro na IA. Pode explorá-lo como quem bisbilhota os bastidores da rotina de um CEO enfrentando, de verdade, os dilemas de inovar enquanto o mundo inteiro muda. Pode ler pelos métodos, pelas confissões, pelas provocações ou por tudo isso junto.

Mas leia com intenção. Com presença. Com fome de lucidez.

Porque a IA já começou a expor quem só fazia figuração.

A tecnologia não vai perdoar os mornos. E este livro não foi feito para eles.

Se você ainda está aí, e alguma coisa te moveu até aqui, seja inquietação, desejo de mudança ou só o incômodo de estar estagnado, então talvez a jornada já tenha começado.

Vamos em frente. Porque pensar ainda é o seu trabalho.
Boa leitura!

Fábio Scabeni

Capítulo 1

Entre o luto e a inovação: quando a inteligência artificial se tornou meu refúgio

Gostaria de dizer que minha jornada com a inteligência artificial nasceu da inspiração. Que foi um processo natural, movido pela curiosidade e pelo desejo de explorar o futuro. Mas não foi.

A verdade é que minha obsessão por integrar a IA na minha vida começou por desespero.

Em 2023, perdi alguém muito especial. Meu primo Volmei não era apenas um parente próximo. Era uma referência de resiliência, crescimento pessoal e sucesso. Não aquele sucesso raso, embalado para vender cursos de autoajuda, mas o verdadeiro sucesso: ser feliz apesar das dificuldades diárias. Ele teve muitos desafios. Ainda criança, perdeu o pai, assassinado por um dos nossos tios. Apesar da tragédia, seguiu em frente. Construiu uma família linda. E quando finalmente parecia que a vida estava recompensando sua luta, veio o diagnóstico.

Era abril, véspera de Sexta-feira Santa, quando recebi uma mensagem da minha mãe. Estava na minha mesa na empresa quando li o WhatsApp. O recado dizia que a esposa do Volmei estava preocupada. Ele não se sentia bem, foi ao hospital, fizeram alguns exames e encontraram algo estranho no crânio. No dia seguinte, a confirmação: tumor no cérebro.

No sábado, fui visitá-lo. Antes, passei na loja de chocolates e comprei dois ovos de Páscoa para seus meninos, um de três e outro de sete anos. Meu primo me mostrou o apartamento recém-reformado, falou dos planos para o futuro e do que gostaria de fazer nos quartos das crianças. O que mais me marcou foi o momento em que o vi olhando para o filho caçula, que dormia em um colchão no chão. Naquele instante, percebi algo diferente em seu olhar — pela primeira vez, ele deixava transparecer o medo do procedimento cirúrgico que enfrentaria para remover o tumor.

No fim da tarde, o padre chegou ao apartamento para uma oração. Me vi ali, em um momento que talvez devesse ser reservado apenas para ele, a esposa e os filhos. Mas permaneci. Permaneci porque senti que precisava estar ao lado de Volmei. Enquanto ele recebia a bênção, me coloquei a orar e observar, como se estivesse em segundo plano, registrando cada detalhe na memória.

Lembro-me do padre perguntando em qual região estava o tumor. Com a mão trêmula, meu primo tocou a nuca e ali recebeu a bênção. Seus filhos oravam ao lado, contando ao padre que tinham sido ensinados desde cedo a conversar com Deus. O padre sorriu e elogiou meu primo. Lembrou como ele era presente na paróquia, um grande colaborador das iniciativas comunitárias e alguém que fazia questão de levar a fé para dentro de sua empresa, promovendo momentos de oração com seus funcionários.

O sacerdote falou sobre a importância da unção que Volmei acabara de receber. Disse que no domingo seria Páscoa e que deveríamos acreditar que a ressurreição de Cristo também significava a ressurreição para uma nova fase na vida do meu primo. Que tudo ficaria bem.

Depois dessas palavras, percebi que Volmei ficou mais tranquilo. Assim que o padre se despediu, decidi ir embora. Deixei que ele tivesse um tempo mais íntimo com os filhos. Antes de sair, dei-lhe um abraço apertado e disse para não temer. Confessei algo que nunca havia dito: ele sempre fora uma grande inspiração para mim. E que certamente voltaria mais forte. Porque super-heróis não morrem. E, para mim, ele era um super-herói — alguém cuja jornada de crescimento, superação e sucesso eu acompanhei de perto.

Na segunda-feira, meu primo entrou para a cirurgia. Menos de 24 horas depois, já estava no quarto. Recebi a notícia enquanto conduzia uma reunião e, em silêncio, agradeci a Deus pelo sucesso do procedimento.

No fim da tarde, porém, o telefone tocou. A esposa dele, em pânico, dizia que algo tinha dado errado. Ele estava voltando para a sala de cirurgia.

Saí correndo, larguei tudo — até uma entrevista importante para um cargo de gerente de RH. No hospital, encontrei-a em estado de pânico na porta do centro cirúrgico, que tinha acesso restrito. Fiz o que pude para ampará-la e, minutos depois, minha irmã, que é terapeuta, chegou para apoiá-la.

Enquanto esperávamos notícias sobre o novo procedimento ao qual ele havia sido submetido, fui até a capela do hospital e comecei a rezar. Pedi a Deus que guiasse as mãos dos médicos e permitisse que Volmei pudesse reencontrar seus filhos.

De repente, minha concentração na oração foi interrompida pela voz da minha irmã, que me chamava às pressas. Ele havia saído do centro cirúrgico e estava sendo conduzido para a UTI. Corri pelos corredores e, por um breve momento, consegui vê-lo — inconsciente, mas vivo — sendo levado através da porta de acesso restrito. Foi a última vez que vi meu primo vivo.

Ele lutou. Foram dias de UTI, esperanças e orações. Todas as noites, eu pegava o carro e dirigia até a rua nos fundos do hospital. Estacionava embaixo da janela onde me disseram que ele estava internado e, ali, rezava um terço, implorando a Deus que o devolvesse bem para a família.

Infelizmente, isso não aconteceu.

No dia 18 de abril, às 11h da manhã, recebi uma ligação da esposa dele. Ela me pediu para ir ao hospital imediatamente. Haviam solicitado a presença de um familiar e ela ainda estava na rodovia a cerca de 30 minutos do centro médico.

Corri para o hospital e, ao me apresentar, fui conduzido para uma sala onde duas profissionais me aguardavam. Perguntei quem eram. Quando responderam que uma era psicóloga e a outra enfermeira de primeiros socorros, entendi antes mesmo que dissessem qualquer palavra.

Respirei fundo e pedi que se preparassem para amparar a esposa do Volmei que chegaria em breve.

O resto do dia foi um borrão de telefonemas, papéis e decisões que ninguém quer tomar. Escolher as roupas para o enterro. Preparar a família.

Meus pensamentos giravam em torno das perguntas que nunca fiz. E das que seus filhos ainda fariam no futuro.

A morte sempre parece distante — até que ela se aproxima da nossa família e nos abraça.

QUANDO A VIDA TROPEÇA NUMA HIPÓTESE INCÔMODA

Poucos meses se passaram até que percebi que algo não estava certo comigo. Minha capacidade de tomar decisões difíceis com agilidade parecia comprometida. Minha mente já não funcionava do mesmo jeito. A memória falhava, o raciocínio parecia mais lento. Comecei a me preocupar. Como CEO e estrategista de uma grande organização de tecnologia, o cérebro é meu principal instrumento de trabalho. E, naquele momento, ele não estava respondendo como precisava.

Em minha cidade, Pato Branco, um município do interior do Paraná, eu tinha a fama de ser *workaholic* e profissional "acelerado".

"A morte sempre parece distante – até que ela se aproxima da nossa família e nos abraça."

Procurei ajuda médica. Fui a um neurologista que, baseando-se unicamente na minha reputação, insinuou que os problemas de raciocínio e memória eram causados por burnout. Segundo ele, tudo se resolveria com boas férias. E, vejam só, ainda me receitou um calmante. Senti uma frustração profunda ao ouvir o diagnóstico baseado apenas na minha reputação e estilo de vida. Intuitivamente, eu sabia que havia algo além de cansaço. Aquilo não fazia sentido para mim. Não era negação — era um sentimento legítimo de que algo estava fora do lugar.

Decidi buscar profissionais em um grande centro. Em Curitiba, um competente neurologista solicitou uma série de exames, entre eles ressonância magnética e eletroencefalograma. Por comodidade, resolvi fazer os exames na minha cidade.

Dias depois, peguei o envelope com o resultado. Porém, deixei-o largado na estante do escritório. Não o abri por mais de dez dias. Não sei explicar o motivo do meu comportamento. Talvez não quisesse enfrentar imediatamente o que pudesse estar escrito ali. Talvez fosse desleixo com a própria saúde. De qualquer forma, preferi ignorar os resultados dos exames, como se pudesse afastar uma notícia que, lá no fundo, sabia que poderia não ser boa.

Só fui saber o conteúdo dos laudos no dia da consulta médica. Ela foi realizada por videochamada no WhatsApp. Era por volta das 19h30 e, como de costume, eu estava na empresa no meio do expediente de trabalho.

No vídeo, o médico de jaleco branco mantinha um semblante calmo e profissional. Perguntou como eu vinha me sentindo nos últimos dias. Respondi que estava com bastante trabalho, seguindo uma rotina intensa, mas que os sintomas continuavam — lapsos de memória e dificuldade para raciocinar com rapidez.

Aí, ele perguntou se eu havia lido o resultado dos exames. Senti um incômodo imediato, uma mistura de culpa e incompetência por não ter feito isso. Confessei que não e pedi um momento para encontrar o envelope. Ele disse que não precisava, pois já tinha acesso online aos laudos e estava com eles em mãos.

O médico começou a explicar as descobertas dos exames. A primeira: epilepsia.

A palavra ecoou de maneira estranha na minha mente. Epilepsia? Como assim?! Eu nunca tive uma convulsão. Por alguns segundos, fiquei num hiato, suspenso entre minha percepção e a realidade descrita pelo doutor.

Relatei meu estranhamento e ouvi pela primeira vez o termo "episódio de ausência". Ele explicou que nem toda epilepsia se manifesta por convulsões evidentes. Em alguns casos, ocorrem pequenas falhas momentâneas de consciência — segundos em que a pessoa "desliga" e retoma sem perceber. Eu não fazia ideia. Então, entendi o que estava por trás de dois acidentes automobilísticos e de uma queda de cavalo que me deixara muito machucado.

O relato médico não havia terminado.

Em seguida, ele detalhou o laudo da ressonância magnética. Entre os termos técnicos, uma expressão dita pelo médico me chamou a atenção: "lesão neoplásica primária de baixo grau".

Enquanto o doutor falava, abri o notebook, digitei palavra por palavra na inteligência artificial e perguntei o que aquilo significava. A resposta apareceu instantaneamente — fria, clara e objetiva, do jeito que a verdade às vezes se apresenta: "É uma forma indireta de dizer: possível tumor cerebral".

Por alguns segundos, parei de prestar atenção ao médico. Fiquei absorvido pela explicação que a IA continuava a me oferecer: "Neoplásica: refere-se ao crescimento anormal de células, ou seja, tumor. Primária: originada no cérebro, e não por metástase. Baixo grau: de crescimento lento, geralmente compatível com gliomas grau I ou II, segundo a OMS."

Ali estava. Aquilo que eu temia, traduzido sem rodeios por uma máquina. Nenhuma metáfora. Nenhuma hesitação. Apenas a realidade crua — ou, pior ainda, a possibilidade concreta de um tumor cerebral.

O termo "glioma", até então não verbalizado pelo médico, insinuava-se ali, entre as definições técnicas e minha memória recente do que era perder alguém para aquilo.

Por um breve instante, fui transportado diretamente para abril. Para a sala fria do hospital. Para a dor dilacerante da perda do meu primo.

Hesitei. Voltei minha atenção para a videochamada e perguntei ao médico:

— O que seria exatamente isso? Um glioma? Um tumor?

A confirmação veio de imediato:

— Sim, glioma é um tipo de tumor no cérebro — respondeu ele, com calma.

E, logo em seguida, me tranquilizou: o laudo não era conclusivo, e exames adicionais seriam fundamentais para entender melhor o quadro.

Minha mente, treinada para resolver problemas, processou a informação de forma pragmática:

— Ok. Entendido. Quais são os próximos passos?

O médico me observou por alguns segundos. E, com a mesma serenidade com que havia iniciado a conversa, perguntou:

— Você está bem?

Respirei fundo. Compartilhei com ele o que havia acontecido na minha família há menos de quatro meses. Na minha cabeça, só conseguia pensar que certas coisas acontecem num curto espaço de tempo em uma família — e talvez esse fosse um daqueles momentos que simplesmente não se explicam racionalmente.

Buscando quebrar um pouco o peso da conversa — e talvez também processar tudo aquilo de um jeito menos estressante —, comentei que, se eu estivesse diante de uma sentença de morte, não me desesperaria. Disse que preferia assim: com algum grau de previsibilidade. Afinal, sempre fui do tipo que gosta de planejar tudo, até mesmo o que não está sob meu controle.

Morrer sem aviso, de forma abrupta, me parecia mais cruel do que encarar a possibilidade com alguma antecipação.

Disse que não adiantaria me desesperar ou ter uma crise de nervos. Nada mudaria a realidade. Também falei que nunca me considerei um filho especial de Deus, alguém que merecesse viver mais do que as outras pessoas.

O que mais importava para mim era algo simples: se eu morresse, que fosse em um momento em que estivesse autorrealizado e feliz. E eu estava!

Havia realizado tudo o que sempre sonhei. Dois anos atrás, me tornei pai. Oito meses antes, assumi a posição de CEO da empresa onde comecei como estagiário há 18 anos.

Por um momento, o pensamento de não estar presente no crescimento da minha filha passou pela minha cabeça. Mas logo foi substituído pela crença que a veria de outro plano. E tudo ficaria bem.

O médico ouviu com atenção. Imagino que, em sua rotina, esse tipo de conversa fosse frequente. Ele me explicou os próximos passos, prescreveu um medicamento antiepilético e solicitou novos exames em equipamentos mais modernos.

Anotei tudo com a mesma frieza com que costumo lidar com desafios no trabalho. Talvez por estar na minha sala na empresa, tenha me portado como se estivesse em uma reunião de negócios, resolvendo mais um conflito que chegava ao CEO. Aquela era apenas mais uma de tantas questões urgentes a ser resolvida.

LIDANDO COM O MEDO DE QUEM SE IMPORTA

Voltei para casa. Ao abrir a porta, fui recebido pelo abraço apertado da minha filha, Cecília. Minha esposa Jaque veio ansiosa ao meu encontro:

— E aí, como foi a consulta? O que o médico disse?

Desconversei. Disse que estava tudo bem e foquei a atenção na Cecília. Brinquei, dei banho, preparei o jantar e a coloquei para dormir. Só mais tarde, quando finalmente me joguei no sofá da sala, minha esposa voltou a insistir.

Optei por seguir o mesmo roteiro do médico. Comecei falando da epilepsia e que já havia recebido a receita do medicamento. Deixei para comprá-lo no dia seguinte.

Quando mencionei a suspeita de um tumor no cérebro, Jaque desmoronou. Chorou de um jeito que eu não conseguia acalmá-la. Nunca havia sentido tanta impotência. Era incapaz de encontrar palavras que fossem suficientes para amenizar sua dor. Tentei confortá-la. Garanti que tudo ficaria bem. Se tivesse que morrer, pelo menos eu teria previsibilidade, tempo para organizar tudo. Até brinquei:

— Jaque, pelo menos assim eu consigo fazer um drama e um charme, né? Para você me valorizar um pouco mais...

Ela me deu alguns tapas no ombro e mandou que eu parasse de falar besteira diante de uma notícia tão pesada. Em seguida, me abraçou e voltou a chorar. Percebi, naquele abraço, que minha brincadeira não havia suavizado nada. Talvez tivesse até piorado a situação. Eu estava tentando demonstrar força, mas no fundo também sentia medo.

Decidi manter a informação restrita. Pedi que minha esposa não comentasse o parecer médico com ninguém. Dias depois, chamei meus pais e minha irmã para contar pessoalmente as descobertas.

Meu pai, José Nerci, que havia ajudado a criar meu primo, estava profundamente abalado desde a sua morte. Ele sempre trocava nossos nomes e perder alguém que era praticamente um filho tinha sido devastador.

Mesmo tentando tranquilizar a família sobre meu estado de espírito, comecei a notar os sinais ao meu redor. Os olhos vermelhos dos meus pais, que evitavam me encarar por muito tempo. Minha esposa, trancada no banheiro, abafava o choro para não despertar a curiosidade em nossa filha, que preservamos das conversas sobre o tema. Aquilo me consumia silenciosamente. A dor dos outros se tornou mais insuportável que a minha própria incerteza.

Como disse, minha irmã Emeli é terapeuta. Num fim de semana em nossa casa de campo, ela entrou no carro para ir embora. Porém, voltou em marcha à ré, saiu correndo do veículo e me abraçou forte. Chorou como se fosse a última vez que me visse.

Foi exatamente naquele abraço inesperado e tão forte que minha ficha caiu. Por mais que eu estivesse lidando com as suspeitas médicas com naturalidade, as pessoas que me amavam não ficariam bem com a minha partida.

Durante as madrugadas ao lado da cama da minha filha, percebi que meu maior medo não era a morte em si, mas o que minha ausência significaria para ela. Me perguntava: como minha filha poderia entender quem eu fui, quais foram meus sonhos e o que me movia? Como ela poderia aprender com minhas decisões e receber meus conselhos, se eu não estivesse mais aqui para dizê-los diretamente?

Foi então que a ideia surgiu: precisava garantir que, mesmo em minha ausência física, minha presença não desaparecesse completamente. Naquele momento, decidi mergulhar na inteligência artificial. Queria transferir minha mente para algum lugar onde pudesse continuar existindo, ainda que virtualmente.

DO CAOS À CLAREZA

Precisava correr contra o tempo e deixar tudo organizado para a eventual ausência. Simultaneamente, queria fazer isso sem gerar alarde ou deixar minha família ainda mais aflita do que já estava. Enquanto buscava transmitir tranquilidade e segurança, silenciosamente comecei a resolver pendências que sempre eram postergadas: organizei conta conjunta no banco; criei um repositório de informações sobre aplicações, investimentos e sociedades para que minha esposa pudesse compreender o que tínhamos; e separei contratos importantes e cofre de senhas, entre outros controles.

Muita coisa muda na sua cabeça quando você acredita que tem pouco tempo de vida. Seu senso de urgência se transforma. Suas prioridades se invertem.

Foi nessa fase que revisitei meu estilo de vida. Costumava investir horas e horas de leitura e estudo semanal. A partir daí, passei a atuar com ignorância seletiva. Decidi o que iria aprender e, principalmente, o que não queria mais consumir de conteúdo.

Eliminei a leitura diária dos sites de notícias. Não ligava mais a televisão para assistir aos telejornais. Selecionei os perfis que gostaria de seguir e os que deixaria de acompanhar nas redes sociais.

Foi uma experiência interessante, que me fez enxergar o quanto somos relaxados com nossa dieta de conteúdo e o quanto ficamos sobrecarregados de informação. Informação que demanda uma energia mental enorme para ser armazenada, impedindo que a mente use essa energia para a criatividade ou para desfrutar momentos de qualidade.

Essas percepções não eram apenas teóricas — eu sentia na pele o peso da infotoxicação. Era como se a mente estivesse sempre em alerta, ocupada com conteúdo que, no fim, não levava a lugar algum. Percebi que, muitas vezes, nos desculpamos e atribuímos a responsabilidade aos algoritmos e à economia da atenção. Quando, na verdade, somos nós que escolhemos alimentar hábitos que priorizam o prazer imediato do entretenimento vazio. Ficamos presos em uma sequência interminável de *stories* e cortes de vídeos que, no fim, não agregam nada de relevante, apenas consomem o tempo que poderia ser aplicado em aspectos mais significativos da vida.

Consumido pelo drama das suspeitas médicas, pela pressa em organizar tudo e pela responsabilidade de garantir que a empresa continuasse funcionando sem sobressaltos, acabei me esquecendo de remarcar os novos exames solicitados pelo neurologista. Até que, em um final de semana na casa de campo, minha mãe, Nara, e minha esposa me confrontaram, perguntando qual era a data para os novos exames.

Foi só então que percebi que havia esquecido de agendar. A bronca veio forte. Eu não tinha o que argumentar. Afinal, elas estavam certas.

Naquele dia, observei as duas conversando sozinhas na cozinha, enquanto eu brincava na piscina com a minha filha. Apesar de estarem distantes, lembro-me de ouvi-las comentando sobre minha postura diante da situação: eu falava pouco sobre o assunto e impedia que abrissem a informação sobre meus exames para outras pessoas.

UM MENTOR AMIGO, UM MÉDICO EXEMPLAR E UMA NOVA PERSPECTIVA

Sem que eu soubesse, naquele mesmo dia, após voltarmos da casa de campo, minha esposa entrou em contato com João Cordeiro, psicólogo, escritor, mentor e palestrante. Ele havia sido meu mentor durante o processo de sucessão para a posição de CEO. João foi fundamental na minha trajetória e é alguém por quem tenho profundo respeito e confiança.

Jaque relatou a preocupação com meu silêncio, com minha resistência em compartilhar o que estava sentindo, mesmo com ela.

Segundo sua percepção, aquele jeito natural com que eu lidava com algo tão sério não passava de um mecanismo de defesa, como se negar o problema pudesse fazê-lo desaparecer.

Naquela noite, meu WhatsApp começou a receber notificações do João. O primeiro áudio era direto e reconfortante:

— Fábio, meu amigo, você pode contar comigo. Não precisa carregar tudo sozinho. Estou aqui.

Pouco depois, chegou a segunda mensagem. Nela, João me alertava que um dos neurologistas mais renomados do Brasil, seu vizinho em São Paulo, entraria em contato comigo. Ele explicava que havia ido pessoalmente à casa do médico para pedir atenção especial ao meu caso.

Ainda naquela noite, recebi a mensagem do doutor: uma breve confirmação de que no dia seguinte faríamos uma videochamada. Ele ainda solicitava previamente as imagens da minha ressonância magnética. Sem perder tempo, liguei o notebook, acessei o portal do centro de imagens responsável pelo exame e enviei as imagens solicitadas. Apenas as imagens, sem o laudo.

Na manhã seguinte, o neurologista me chamou novamente. Dessa vez, pediu o contato do médico que elaborou o primeiro laudo, no qual havia a hipótese de uma lesão compatível com glioma de baixo grau. Rapidamente consegui o contato e o repassei.

Às 17h, entrei na videochamada. Na tela apareceu um senhor grisalho, charmoso, com um ar de experiência e total segurança sobre o que dizia. Ele foi direto:

— Analisei suas imagens. Você deve manter os medicamentos antiepilépticos indicados pelo neurologista de Curitiba — e acrescentou: — Precisamos repetir o exame com mais precisão. A ressonância magnética que você fez é de um Tesla e meio. Você precisa realizar o exame em um equipamento de três Teslas, para podermos confirmar ou afastar qualquer suspeita com mais segurança.

Ansioso por respostas, perguntei:

— E quanto ao laudo anterior, doutor? O que achou?

Com tom sutil e respeitoso, respondeu:

— Vamos aguardar o novo exame antes de concluirmos qualquer coisa.

Desse episódio, o que mais me marcou, e que levo até hoje para as minhas palestras ao contar essa história, foi a atitude prestativa e o interesse genuíno do doutor de São Paulo. Ele me contatou tarde da noite, depois de um dia possivelmente exaustivo de atendimentos em sua clínica. E logo nas primeiras horas da manhã seguinte, me chamou novamente para pedir o contato do médico que emitiu o laudo inicial. Tudo indicava que ele havia se dedicado ao meu caso ainda naquela noite — talvez até durante a madrugada.

E não foi apenas isso o que chamou minha atenção. Ele não se limitou a analisar as imagens. Fez questão de validar as informações com o médico que havia emitido o laudo, alguém muito menos experiente do que ele.

Não poderia deixar de registrar tais pontos neste livro. Se ele se tornou um dos maiores e mais respeitados neurologistas do país, reconhecido e premiado internacionalmente, é porque construiu sua trajetória profissional com um compromisso genuíno em ajudar e cuidar das pessoas.

PRESENTE HOJE PARA ESTAR AUSENTE AMANHÃ

Segui as orientações dos dois neurologistas e providenciei os exames em Curitiba, que possui alguns dos melhores institutos dedicados à neurologia. Minha mãe me acompanhou na viagem. No caminho, um grave engavetamento envolvendo dezenas de veículos, com vítimas fatais — escapamos por poucos minutos.

No dia seguinte, a rodovia ainda estava interditada, e tivemos que pegar um desvio para voltar para casa. Na estrada, minha mãe ligou o rádio e sintonizou numa emissora FM da região metropolitana de Curitiba. A cada cinco minutos, era veiculada uma publicidade de uma funerária, o que gerou um clima pesado dentro do carro. Até que comentei:

— Até o rádio está usando algoritmos para me mandar publicidade personalizada de serviços funerários!

Rimos juntos daquele humor mórbido, o que aliviou um pouco a tensão do momento.

Após os exames, continuei minha rotina. Trabalho, família, responsabilidades. Porém, algo havia mudado dentro de mim.

Passei a sair mais cedo do escritório para acompanhar minha filha às sessões de musicoterapia. Tirei uma folga para vê-la na escola de natação. Certa manhã, fomos andar a cavalo juntos na aula de equitação. Sempre fui um pai presente e apaixonado por estar com ela, mas essas atividades específicas eram tradicionalmente acompanhadas apenas pela minha esposa, já que coincidiam com minha agenda profissional.

Cada uma dessas pequenas experiências foi profundamente gratificante. No entanto, cada vez que eu participava, minha esposa ficava visivelmente emocionada, com lágrimas nos olhos. Aquilo me incomodava profundamente.

As professoras não entendiam por que minha presença gerava aquela comoção em Jaque. Afinal, ninguém ali sabia sobre o drama pelo qual estávamos passando. A dor silenciosa que carregávamos começava a se refletir em nosso comportamento.

Com o passar dos dias, a pressão emocional só aumentava. Ver minha esposa angustiada e perceber minha filha inquieta, dormindo mal, acordando várias vezes à noite dizendo que tinha medo de perder o pai, mesmo sem ninguém ter dito nada a ela, era devastador. Cecília tinha apenas dois anos, mas parecia captar intuitivamente o medo que pairava sobre nós.

Aquela atmosfera constante de angústia, que eu tanto tentava controlar e manter distante, finalmente penetrou em minha armadura emocional. E começou a me ferir.

ENTRE REUNIÕES E REFLEXÕES: QUANDO A ARMADURA COMEÇA A RACHAR

Paralelamente ao drama pessoal, vivia na empresa, onde ninguém sabia de nada, uma fase desafiante. Comandava uma operação milionária de fusão e aquisição (M&A), o que exigia extrema atenção aos detalhes. Minha rotina envolvia memorandos de entendimento, *due diligence* financeira e jurídica, *valuation* da empresa-alvo, estruturação do contrato de compra e venda, negociação de cláusulas contratuais, entre tantas etapas críticas.

Eram reuniões exaustivas, números, estratégias e decisões de alto impacto. Por diversas vezes, me pegava no meio de uma negociação pensando se deveria estar ali ou se deveria estar aproveitando o tempo que me restava com minha filha.

Então, me lembrava que a empresa tinha centenas de pessoas. Pessoas que dependiam das minhas decisões. Eu era o principal líder daquela operação e minha condição pessoal não mudava esse fato. Não importava o que eu estava passando. Tinha que fazer o que precisava ser feito.

Meu senso de urgência estava no nível mais elevado que já vivi. Literalmente, corria contra o tempo. Dentro de casa, como marido e pai, queria deixar tudo encaminhado. E, por um momento, cheguei a ter pensamentos que hoje me parecem insanos: talvez devesse ser menos gentil com minha esposa. Se demonstrasse indiferença e me ausentasse, quem sabe ela não sentisse menos a minha falta quando eu partisse.

Sim, pode parecer loucura. Na minha cabeça, muitas ideias malucas começaram a circular. Preferia ser julgado pela frieza do que vê-las sofrendo por serem tão apegadas a mim.

Minha tentativa de disfarçar e ostentar normalidade não estava mais funcionando.

Certa manhã, numa reunião de rotina, a vice-presidente logo mudou o tom da conversa e começou a me interrogar. Ela insistia para que contasse o que estava acontecendo. Dizia que notava meu comportamento estranho nos últimos dias. Tentei desconversar, mas ela era psicóloga e, talvez por isso, insistiu. Acabei contando que o laudo havia levantado a possibilidade de um tumor cerebral.

Ela desmoronou. Chorou. Naquele instante, percebi que não deveria ter falado. Não queria esse peso nos ombros de ninguém mais. E me questionei até que ponto fiz certo ao revelar a situação para minha esposa e meus pais. Dentro da empresa, não ajudaria em nada espalhar essa informação. Assim, lhe pedi sigilo absoluto.

A VIRADA INESPERADA

Era 13 de setembro de 2023, exatamente dez dias após a realização da minha segunda bateria de exames. Era também a data prevista para a divulgação dos resultados.

Naquela manhã, estava no palco palestrando para centenas de pessoas, grande parte clientes da nossa organização. Tratava-se do encontro anual de profissionais de Gestão e TI. O tema da minha palestra? Ironia do destino ou não, era inteligência artificial.

Enquanto falava para um público imerso e atento, senti meu smartphone vibrar no bolso. Discretamente, lancei um olhar para a tela. Era o neurologista que cuidava do meu caso. Instantaneamente, soube: o resultado dos exames estava naquela ligação. O coração disparou e a voz acelerou. Encerrei a palestra de forma concisa, pedi licença ao público e saí apressado. Precisava atender à chamada.

Caminhei para fora do espaço do evento. Na calçada, atendi. Do outro lado da linha, a voz calma do médico:

— Respire aliviado, Fábio. Não se trata de tumor.

Minha mente levou alguns segundos para processar a frase. Ele continuou:

— Há um achado nos exames, sim, mas não é nada com que você precise se preocupar agora. Vamos apenas monitorar e, se necessário, tratar no futuro. O que você precisa fazer neste momento é relaxar.

Como assim? Aquilo era real?! O que eu estava ouvindo? Meu cérebro, que por semanas operou sob a premissa de que minha vida estava por um fio, parecia incapaz de absorver a nova informação. Quer dizer que, de repente, não estava mais gravemente doente?!

A primeira coisa que fiz foi agradecer a Deus em silêncio. Depois, agradeci ao médico. Em seguida, peguei o celular, abri o WhatsApp e disparei mensagens para minha esposa, meus pais e minha irmã. Compartilhei o alívio que mal cabia em mim.

Sem pensar duas vezes, voltei para o salão do evento. Peguei o microfone novamente, olhei para o público e, movido por um impulso de transparência, revelei o que estava acontecendo comigo nos últimos meses. Senti que devia uma explicação aos clientes e colaboradores, pois sabia que não havia entregado minha melhor versão profissional durante aquele período tão turbulento. O que antes era um segredo guardado a sete chaves se tornou público.

Nos dias seguintes, a busca por respostas me consumiu. Como era possível que o primeiro laudo tivesse levantado a possibilidade de um tumor cerebral? Teria sido um erro médico grotesco? Ou um milagre?

Minha esposa sugeriu que eu acessasse o site da clínica responsável pelo primeiro exame e baixasse o laudo novamente. Ao fazer isso, a confusão tomou conta de mim. Algo estava errado. A versão online do laudo apresentava um conteúdo diferente do impresso que eu havia recebido. Parecia ter sido revisada posteriormente — algo que não me foi comunicado de forma alguma.

Inquieto, peguei a chave do carro e dirigi até a empresa. Ainda guardava no escritório a versão impressa do laudo original. Abri o site mais uma vez no computador e comparei o documento em minhas mãos com o que estava na tela. A data e a assinatura digital pareciam idênticas. Mas o texto... o texto era outro!

A menção à possibilidade de um glioma não constava mais no novo documento. Um conteúdo que, dias antes, havia impactado minha vida profundamente, simplesmente já não estava ali.

No dia seguinte, entrei em contato com a direção da clínica responsável pelo exame. Para minha surpresa, o médico que havia assinado o laudo original aceitou agendar uma reunião para que conversássemos pessoalmente.

Dias depois, ele estava sentado à minha frente, no meu escritório. Coloquei os dois laudos sobre a mesa, lado a lado — o impresso do original e a impressão da versão online alterada. Fui direto ao ponto:

— Doutor, obrigado por vir até aqui. Serei breve e direto, pois preciso esclarecer algo que não me sai da cabeça. Você reconhece estas assinaturas como suas?

Ele confirmou e continuei:

— Notei que o laudo original, este impresso, datado de 7 de julho de 2023, aponta uma série de achados preocupantes, entre eles a possibilidade de um glioma. No entanto, o laudo do mesmo exame, com a mesma data e a sua assinatura, que está disponível agora no site para consulta, simplesmente afirma que não há nada digno de nota. Gostaria de entender o que motivou essa divergência gritante e, principalmente, por que não fui comunicado dessa mudança crucial. Como o senhor explica isso?

Sem hesitar, ele olhou para os papéis e, em seguida, diretamente para mim. Afirmou que, após receber a ligação do renomado neurologista de São Paulo, reavaliou as imagens. Disse que talvez tivesse enxergado algo que não existia. Por isso, decidiu revisar e alterar o laudo. Admitiu também que não comunicou essa mudança nem ao neurologista de Curitiba, que havia solicitado o exame e cuidava do meu caso, nem fez qualquer esforço para que eu, o paciente, fosse informado.

Minha primeira reação foi um misto de incredulidade e raiva. Senti o sangue ferver. Custava ter feito uma ligação? Uma explicação formal sobre a mudança no laudo? O sofrimento que minha família viveu poderia ter sido, em parte, evitado com uma comunicação mais empática. Meus pais, minha esposa e até minha filha pequena viveram semanas de angústia por algo que, segundo ele afirmava agora, nunca existiu. Como alguém pode ser tão indiferente à dor que causa?

— Há quatro meses, perdi um primo muito querido — falei, tentando controlar o tom de voz. — Ele recebeu um diagnóstico de tumor cerebral, passou por cirurgia e não sobreviveu. Eu acompanhei cada passo doloroso: cada procedimento, cada espera angustiante no hospital, até a notícia final de sua partida. Você consegue imaginar o peso que foi viver sob a sombra de um diagnóstico idêntico, que de repente deixa de existir porque o senhor alterou o laudo sem avisar ninguém?

Visivelmente nervoso, o médico gesticulou na direção do meu notebook sobre a mesa:

— A Medicina não é uma ciência exata como a área de software — argumentou. — Erros podem acontecer.

Aquilo foi a gota d'água. Meu corpo reagiu antes da minha razão. Dei um tapa forte na mesa, fazendo tudo sobre ela tremer.

— Você acha mesmo que na minha área não cometemos erros?! — disparei, com a voz carregada de indignação. — Vou te contar uma coisa: lidero centenas de profissionais atendendo milhares de clientes e, sim, nós cometemos erros! Mas sabe qual é a diferença fundamental entre nós? Quando um erro acontece na minha empresa, pegamos o telefone, ligamos para o cliente e assumimos a falha com transparência. Nos responsabilizamos e corremos para corrigir rapidamente. Errar é humano! O que não podemos, jamais, é normalizar a indiferença com as pessoas que são prejudicadas pelos nossos erros!

Ele estava claramente desconcertado. E eu extremamente alterado. Nossa conversa continuou tensa, por vezes áspera, mas ainda respeitosa por mais alguns minutos. Forcei a barra. Queria entender a origem da falha de comunicação. Afinal, o erro em não me avisar havia sido dele, de outro médico ou de algum processo administrativo da clínica? Ele se perdeu em explicações técnicas sobre análise de cortes de ressonância. Então, ficou claro para mim que a revisão do laudo e a falta de comunicação não pareceram envolver outros profissionais.

Percebendo que não chegaríamos a lugar algum, decidi encerrar a reunião. Virei a tela do meu smartphone para cima, que estava sobre a mesa, e deixei claro que a conversa estava sendo gravada o tempo inteiro.

— Acho que já tenho o suficiente para que eu reflita sobre meus próximos passos.

Ele ficou em silêncio por alguns segundos. Em seguida, disse que entendia meu drama e lamentava ter causado tanto sofrimento. Ao se levantar, perguntou o que eu pretendia fazer.

Encarei-o:

— Use sua imaginação. A mesma que você usou quando achou que poderia simplesmente alterar um laudo médico sem comunicar ao principal interessado.

"Errar é humano. O que não podemos, jamais, é normalizar a indiferença com as pessoas que são prejudicadas pelos nossos erros."

Encerrei a reunião ali mesmo. Agradeci novamente por ele ter vindo até a empresa para esclarecermos a situação e o acompanhei até a porta.

Poderia tê-lo processado? Sim. Talvez devesse. Entretanto, no fim, não fiz nada contra ele. Preferi acreditar que a lição havia sido aprendida — que aquela conversa dura talvez tivesse deixado marcas construtivas em vez de ressentimento.

Olhando para trás, percebo que esse episódio me moldou profundamente. A compreensão da mudança só viria meses depois, quando comecei a enxergar os impactos reais que o medo da morte iminente e o choque do erro médico tiveram na minha visão sobre a vida, o tempo e o futuro.

Se não fosse pelo laudo que levantou aquela hipótese equivocada, talvez você não estivesse lendo este livro agora. Talvez eu continuasse a procrastinar a escrita e esta obra nunca se tornasse real. E, certamente, eu não teria mergulhado tão obsessivamente na inteligência artificial a ponto de desenvolver um *framework* que, mais tarde, ajudou tantas pessoas a criarem seus próprios Segundos Cérebros digitais.

Nos próximos capítulos, você vai descobrir o que aconteceu depois que me livrei do fardo de viver acreditando carregar uma bomba-relógio na cabeça.

Vou contar em detalhes o que fui capaz de fazer com a IA e, mais importante, vou ensinar como você também pode seguir nessa direção. Minha intenção é ajudá-lo. Não quero que ninguém cometa os mesmos erros que cometi ao adotar a inteligência artificial de forma tão agressiva e, por vezes, desordenada na minha vida.

Nas páginas que virão, não vou simplesmente mostrar como você pode usar as ferramentas de IA. Quero prepará-lo para uma verdadeira revolução — não apenas tecnológica, mas mental, emocional e social. Você está prestes a atravessar o que pode ser a maior mudança de paradigma da sua vida, algo capaz de redefinir sua forma de pensar, agir, aprender e criar.

Capítulo 2 | Por que me tornei obcecado por criar um Segundo Cérebro na IA?

Uma semana depois de receber o resultado do novo exame e saber que não tinha tumor cerebral, pedi para que minha esposa escolhesse um destino para viajarmos. Precisávamos relaxar!

Antes de conhecê-la, raramente tirava férias. Depois de unirmos as escovas de dentes, nossa última viagem havia ocorrido há cinco anos — um cruzeiro pelo litoral sul do Brasil, Uruguai e Argentina. Os outros passeios foram de curta duração, no máximo três dias, e em destinos próximos.

Dessa vez, ela escolheu um resort *all inclusive* numa praia do Nordeste. Para ser mais preciso, nosso destino era Porto de Galinhas. Seria a primeira viagem de avião da nossa filha e o primeiro contato dela com o mar.

E assim partimos em viagem! Por duas semanas, nos desconectamos da rotina habitual. Foram dias incríveis ao lado delas. Porém, o drama recém-vivido não foi tratado como página virada. Pelo contrário: era como um daqueles antigos *Memorex*[1], repleto de trechos grifados para serem lidos e relidos muitas vezes.

---

1 *Memorex* era uma espécie de apostila que concentrava fórmulas, dados e informações mais relevantes para quem estava se preparando para vestibulares e concursos públicos.

Durante a viagem, tive tempo para refletir sobre a vida que vinha levando e, principalmente, sobre o estilo de vida que queria levar dali para frente. Lembro que, durante os cafés da manhã, almoços e jantares, contemplava a beleza do mar a poucos metros do restaurante do hotel. Ao mesmo tempo, observava atentamente o comportamento das pessoas ao meu redor.

Preciso confessar que, desde os tempos de escola, sempre tive o hábito de analisar as interações humanas: como as pessoas se expressam, como agem e como reagem umas às outras. Não foi apenas uma fase da infância. Persistiu na adolescência e, até hoje, continua forte, talvez com mais intensidade.

No hotel, a maioria dos pais com crianças pequenas sequer olhava para o mar ou para os próprios filhos. Estavam mergulhados na tela dos smartphones, enquanto a meninada vivia hipnotizada pelos tablets. Algumas assistiam a desenhos e outras jogavam. Talvez nem tivessem notado que, ao lado delas, havia um oceano azul.

Quantas pessoas ali estavam realmente aproveitando o momento e quantas estavam apenas fisicamente presentes, mas mentalmente em outro lugar? Foi nessa atmosfera de reflexões que surgiram alguns gatilhos poderosos e determinantes para seguir na minha obsessão: criar um Segundo Cérebro na IA. Logo você compreenderá o que estou falando.

O INFLUENCIADOR DIGITAL

No terceiro dia, ao pisar na areia da praia, precisei esperar que um sujeito magro e alto concluísse a gravação de um vídeo para os seguidores do Instagram. O garçom que atendia aos hóspedes tentava ajudá-lo, segurando o fluxo de pessoas para evitar que atrapalhassem o que parecia ser uma chamada ao vivo. Com empolgação, o funcionário do hotel comentou que se tratava de um influenciador digital e palestrante motivacional do Rio de Janeiro. Ele parecia satisfeito em auxiliar alguém que, para ele, era uma celebridade.

Sinceramente, a maioria dos hóspedes ignorava o pedido do garçom e seguia o caminho em direção à praia sem dar a mínima. Eu parei e esperei, aproveitando para escutar o que o tal influenciador dizia.

Ele narrava, com entusiasmo exagerado, detalhes sobre o padrão do hotel em que estava e a "vida dos sonhos" que levava. Entre gestos teatrais e frases ensaiadas, anunciava a abertura do carrinho de vendas do seu curso, que prometia ensinar aos seguidores como ganhar mais dinheiro e tirar até seis férias por ano em lugares paradisíacos como aquele.

A princípio, ignorei a figura e seu blá-blá-blá. Contudo, a partir daquele momento, meus olhos pareciam enxergá-lo em todo lugar. Estávamos em um resort gigante, repleto de espaços diferentes. Mesmo assim, não importava aonde eu fosse, lá estava ele, grudado na tela do smartphone — provavelmente trabalhando!

Num fim de tarde, sentado em uma espreguiçadeira de frente para o mar, como dezenas de outros hóspedes, aguardava para prestigiar o pôr do sol. Enquanto isso, minha esposa e minha filha caminhavam pela areia, molhavam os pés na água do mar e recolhiam conchinhas.

De repente, o tal sujeito entrou no meu campo de visão. Ele parecia frustrado. Tentava inúmeras vezes encontrar o melhor ângulo com seu longo braço esticado para gravar um vídeo em selfie e não conseguia. Resmungava em voz alta sempre que vendedores ambulantes passavam e anunciavam aos gritos produtos como artesanatos locais, bandanas e passeios de barco.

Concentrei a atenção no que ele tentava gravar. Novamente, era uma chamada para a venda de seus cursos. A promessa era ensinar a como ganhar muito dinheiro para curtir a vida em hotéis à beira-mar.

— Que fraude! — Sem perceber, meu pensamento escapou em voz alta.

Na cadeira ao lado, um senhor que aparentava cerca de setenta anos escutou e complementou:

— Pelo amor de Deus, alguém compra cursos assistindo a esses vídeos na internet? Ele parece estressado demais para ensinar alguém a curtir a vida.

— Infelizmente, as pessoas compram — respondi. — Na verdade, querem comprar atalhos para uma vida fácil. É isso o que movimenta a conta bancária de charlatães como esse, que está estragando nossa vista. Deve ser mais um "líder de palco", lançador de cursos que nunca administrou nada além do próprio perfil no Instagram!

O senhor sorriu e fez um gesto sutil de concordância. Em seguida, levantou-se da cadeira, demonstrando certa dificuldade motora que eu não havia percebido. Antes de se retirar, despediu-se:

— Ele parece ter bateria para fazer vídeos por muito tempo. Vou para o quarto, preciso de uma ducha para recarregar as baterias e ficar bem-disposto para o jantar. Até!

Acenei para ele e fiquei refletindo por um instante: recarregar a bateria numa ducha de hotel quando havia um mar infinito bem à sua frente, pronto para renovar suas energias? Me soou estranho. Antes que pudesse aprofundar a reflexão, fiz algo automático: peguei o smartphone do bolso e conferi a carga da bateria.

Olhei de volta para a cena que se desenrolava diante de mim. O influenciador seguia tropeçando na areia, ajustando o ângulo da câmera, repetindo falas, gesticulando exageradamente enquanto tentava gravar o vídeo perfeito. Era como se estivesse travando uma batalha solitária contra o vento, a luz do sol e os vendedores ambulantes, que teimavam em atravessar sua "produção cinematográfica".

Ele não via o mar. Não sentia a brisa. Não vivia o momento. Apenas atuava para um público invisível do outro lado da tela, tentando provar algo que talvez nem ele acreditasse ser possível.

Por um breve momento, me perguntei: será que, de alguma forma, todos nós estamos fazendo o mesmo?

UM OCEANO DE REFLEXÕES

No dia seguinte, parecia haver um sol para cada pessoa. O calor era insuportável. Após o almoço, fomos para o quarto do hotel. Minha esposa sugeriu que eu aproveitasse um tempo sozinho na praia enquanto ela ficava com nossa filha, que, ainda pequena, mantinha o hábito de dormir após o almoço. Segui sua dica. Reforcei a camada de protetor solar, saí para correr na areia e me afastei ao máximo das pessoas. Precisava desse momento.

Abri mão do atendimento de alto padrão no espaço reservado aos hóspedes, onde garçons passavam constantemente oferecendo *drinks* e petiscos. Luxo para mim era ficar sozinho, contemplando o mar e refletindo sobre o que havia acontecido nos últimos meses.

Encontrei uma área deserta, sinalizada com inúmeras placas de alerta sobre o perigo das correntes marinhas. Ali, ninguém se aventurava a entrar na água. Era o lugar perfeito! Apenas o som das ondas quebrando e o vento batendo no rosto. O cenário ideal para pensar na vida, nos aprendizados e nas mudanças que vinha processando desde que recebi um laudo cuja hipótese me levou a acreditar que estava gravemente doente.

Sempre acreditei que podemos tirar lições de absolutamente todas as experiências da vida — sejam elas positivas ou negativas. Um episódio isolado, um drama que dura meses ou até mesmo um erro aparentemente irrelevante pode carregar aprendizados valiosos, desde que estejamos dispostos a enxergá-los.

Diante do oceano, me dei conta de que o que vivi ao acreditar que tinha um tumor cerebral me forçou a rever a vida sob nova perspectiva. Era como se, de uma hora para outra, minha consciência tivesse se expandido. Uma clareza mental inesperada me fez questionar conceitos, teses, crenças e "verdades" que me foram ensinadas desde jovem — e que, por falta de experiência ou interesse, nunca havia parado para analisar criticamente.

Frases como "o exemplo arrasta", "a primeira impressão é a que fica", "é preciso equilibrar a vida pessoal e profissional", "ninguém motiva ninguém" e "tempo é o recurso mais valioso" eram ideias que eu acreditava e replicava sem questionar. À medida que refletia sobre elas, à luz do que vivi, percebi que muitas não passavam de clichês vazios. Algumas, sem dúvida, entraram para a minha lista de frases que não quero repetir.

Meus pensamentos foram interrompidos pela chegada de um vendedor ambulante. Ele caminhava longas distâncias na faixa de areia carregando copos térmicos, artesanatos e diversos outros itens pendurados em uma rede improvisada. Se aproximou de mim e, antes de oferecer qualquer produto, perguntou as horas. Olhei no celular:

— São 15h30.

Em seguida, ele perguntou:

— E a bateria do celular, como tá?

Olhei novamente e vi que ela estava com menos da metade da carga. Antes que eu dissesse qualquer coisa, o vendedor puxou um *power bank* do bolso e sorriu:

— Tá vendo? Com esse aqui, você garante que seu tempo não será desperdiçado por falta de bateria. Tá carregado e pronto para te salvar quando mais precisar!

Admito que ele foi esperto. Não queria saber as horas e sim abrir um gatilho para me fazer pensar na necessidade de recarregar o celular. Agradeci a abordagem criativa, mas recusei a compra. Ainda assim, desejei uma boa tarde de vendas. Ele sorriu, fez um gesto de despedida e seguiu rumo à área do hotel, onde certamente encontraria hóspedes dispostos a comprar seus produtos.

Continuei ali por mais alguns minutos, processando aquele pequeno episódio, que resumia perfeitamente a grande questão que tentava resolver: se queria realmente aproveitar o tempo que tinha, precisava aprender a gerenciar melhor a energia disponível. Não estou falando da bateria do smartphone, como você logo entenderá.

Ao longo deste livro, faço questão de provocá-lo a ressignificar muitas crenças. A diferença é que você não precisará passar por um drama como eu para revisitar determinadas "verdades" que parecem inofensivas, mas que, ao longo da vida, nos fazem desperdiçar um recurso precioso: nossa própria capacidade mental.

ENERGIA MENTAL, TEMPO DE QUALIDADE E A IA

Antes de continuar a leitura, quero que você faça um pequeno exercício.

Sem pegar no seu celular — que provavelmente está por perto — tente adivinhar qual o percentual de bateria que ainda lhe resta.

Se você estiver lendo o livro pela manhã, é bem provável que a carga esteja quase cheia. Se for meio da tarde, dependendo do seu uso ao longo do dia, talvez a bateria já tenha caído para menos da metade. Ou quem sabe você até já tenha conectado o carregador uma ou duas vezes.

Depois de pensar a respeito, experimente conferir a carga ainda disponível. A menos que este seja um smartphone novo e você ainda esteja se acostumando com ele, provavelmente chegou muito próximo de acertar o nível exato de bateria restante.

Agora, quero fazer uma pergunta muito mais importante: e a sua energia mental, como ela está? Não estou falando da "energia" em um sentido místico ou esotérico e sim como um recurso mensurável — tão real e essencial quanto a bateria do seu aparelho telefônico.

Você administra o consumo de energia mental durante o dia? Se fosse possível medir essa carga como medimos a de um celular, quanto ainda restaria? 80%? 50%? Ou será que você já está há um bom tempo no "modo de economia", reduzindo brilho, velocidade e desempenho só para continuar de pé?

Vivemos em um mundo onde nos preocupamos obsessivamente com a bateria dos nossos dispositivos, mas negligenciamos completamente a nossa própria. Se o celular está sem carga, corremos atrás de um carregador. Se o notebook está em 5%, buscamos desesperadamente uma tomada. E a nossa mente?!

A verdade é que somos meticulosamente atentos à bateria dos nossos aparelhos eletrônicos e desatentos quando se trata de nossa própria energia mental.

Assim como um smartphone reduz o brilho da tela, limita o processamento e restringe recursos para preservar energia, nosso cérebro faz o mesmo procedimento.

Quando estamos com baixa energia mental:

- nossa criatividade diminui;
- o pensamento fica mais lento;
- as interações se tornam automáticas e superficiais;
- voltamos para casa após um longo dia de trabalho e entregamos à nossa família apenas o corpo presente, enquanto a mente já está no "modo de economia de energia".

A grande diferença é que, se o smartphone nos avisa quando a carga está acabando, nosso cérebro não tem uma notificação clara. Ele simplesmente entra em estado de fadiga silenciosa. Aí, a produtividade despenca, as emoções ficam instáveis e as decisões se tornam reações automáticas. E sabe o que é pior? Muitas vezes nem percebemos que estamos operando no modo de economia de energia há meses, talvez até anos.

Poderia propor a reflexão de quantas vezes nos últimos dias você parou intencionalmente para recarregar sua energia mental. Contudo, não sou tolo nem ingênuo. Sei que muitos que estão lendo este livro — e talvez seja o seu caso — atuam em setores altamente dinâmicos, lidam com múltiplas responsabilidades e têm rotinas que não permitem a desconexão sempre que a mente pede por descanso. No mundo

"A verdade é que somos meticulosamente atentos à bateria dos nossos aparelhos eletrônicos e desatentos quando se trata de nossa própria energia mental".

real, a maioria das pessoas não pode se dar ao luxo de parar toda vez que a bateria mental entra no vermelho. O mercado não espera, os compromissos não somem, as demandas continuam chegando.

Em vez de romantizar pausas que nem sempre são possíveis, quero fazer algumas perguntas diferentes: e se, em vez de viver tentando recarregar sua energia, você parasse de desperdiçá-la? E se, para não depender exclusivamente da "bateria interna", você tivesse um recurso externo que o ajudasse a processar melhor as informações, delegar decisões repetitivas e otimizar a capacidade mental?

Em outras palavras, e se pudéssemos oferecer para o nosso cérebro uma espécie de bateria externa, assim como aquele *power bank* oferecido pelo vendedor ambulante na praia?

Deixe-me contar algo sobre minhas vivências e reflexões: tenho uma grande rede de contatos com profissionais bem-sucedidos — CEOs de empresas promissoras, empreendedores em série e especialistas que são referência no mercado. Com agendas lotadas de compromissos, é comum vê-los se perdoarem por serem tão ocupados e tão ausentes da vida pessoal. A justificativa? "O que importa não é a quantidade de tempo, e sim o tempo de qualidade."

Pois bem, é aí que mora o grande problema! Se você negligencia sua energia mental, três frases amplamente aceitas como "verdades universais" desmoronam:

1. "É necessário encontrar o equilíbrio entre a vida pessoal e a vida profissional."
2. "Tempo é o recurso mais valioso do ser humano."
3. "O que importa é ter tempo de qualidade."

Vamos desconstruí-las uma a uma.

O primeiro equívoco está no mito do equilíbrio entre vida pessoal e vida profissional. Para equilibrar duas coisas, elas precisam ter o mesmo peso. Assim como em uma gangorra, só é possível alcançar o equilíbrio se os lados forem proporcionais. Na prática, o que acontece? Você se culpa por não estar presente em casa enquanto trabalha. E, quando está com a família, sente o peso por não estar estudando, melhorando profissionalmente ou resolvendo pendências da empresa.

O resultado desse ciclo vicioso é frustração e sentimento de culpa. Muita energia mental é drenada nessa batalha interna. Já vi grandes nomes do mercado, referências em suas áreas, afirmando que o maior desafio de suas carreiras foi tentar equilibrar o lado pessoal e a trajetória profissional.

Vamos agora ao segundo mito: "tempo é o recurso mais valioso dos seres humanos". Essa ideia desmorona quando percebemos que, sem energia mental, o tempo não serve para nada. Assim como um smartphone pode ter aplicativos incríveis e não conseguir rodá-los por falta de bateria, um profissional pode ter a agenda livre e, ainda assim, não conseguir fazer nada de relevante porque sua mente já esgotou todos os recursos.

O terceiro mito, "tempo de qualidade é o que importa", também cai por terra quando percebemos que o contexto perfeito não significa nada se você não tem energia mental para vivê-lo.

Imagine um dia perfeito: jantar incrível com sua família, cenário relaxante, momento especial. Se você chegou exausto, mentalmente drenado e sem capacidade para estar presente, tudo isso será inútil. Afinal, tempo de qualidade não existe se sua mente está sem energia.

Aqui está a má notícia: diferentemente do smartphone, você não pode pedir licença e buscar a tomada para recarregar a bateria do cérebro. Não há um carregador rápido que restaure sua energia mental em minutos.

Talvez seja por isso que vemos cada vez mais pessoas, incluindo profissionais de alto nível, recorrendo a estimulantes como doses exageradas de cafeína, nootrópicos, modafinil e até anfetaminas para se manterem ligados. Outros buscam refúgio no lado oposto da

"Tempo de qualidade não existe se sua mente está sem energia."

moeda, tentando desligar o cérebro à força com ansiolíticos, sedativos ou álcool, numa tentativa desesperada de compensar a exaustão.

O problema? A falsa sensação de controle. Você acredita que está rendendo mais, que está "curtindo" os momentos. Porém, na realidade, está apenas operando no limite — um limite que, cedo ou tarde, cobrará o preço.

De todas as reflexões que tive durante aquele período turbulento, nenhuma foi tão impactante quanto a descoberta da importância da gestão da energia mental. Não bastava administrar melhor meu tempo ou organizar minha rotina. Se eu realmente queria continuar performando em um setor dinâmico e exigente, precisava de algo a mais: uma forma de otimizar minha energia mental para usá-la de maneira mais estratégica.

Foi então que me perguntei: qual seria a lógica de receber uma "segunda chance" se fosse apenas para voltar ao mais do mesmo? Se eu havia passado por situações críticas, não fazia sentido desperdiçar a oportunidade apenas sobrevivendo. Precisava evoluir! E uma forma de valorizar a vida era ser mais eficiente, mais estratégico, mais competente. Uma vida digna não era apenas uma vida longa, mas uma vida bem aproveitada, com capricho em cada escolha e compromisso com a excelência no que eu faria dali em diante.

Passei a enxergar esse tema em tudo o que estivesse ao meu redor. Comecei a notar como as pessoas — colegas de trabalho, familiares, estranhos no elevador — estavam exaustas sem perceber. Pequenos detalhes denunciavam o desgaste invisível: olhares vazios, interações superficiais, procrastinação disfarçada de produtividade e uma constante sensação de cansaço mental. Não queria isso para mim. Se havia recebido mais tempo, queria usá-lo de forma inteligente, potencializar minha energia e preservar a clareza mental.

Foi aí que a ideia do Segundo Cérebro na inteligência artificial voltou à tona. Dessa vez, com um propósito muito maior. Não se tratava apenas de criar um "backup" da minha mente, mas de desenvolver uma extensão real do meu cérebro, capaz de assumir parte do processamento diário, reduzir o esforço cognitivo e permitir que eu direcionasse minha energia para o que realmente importava.

Se um smartphone pode contar com uma bateria externa, por que o meu cérebro não poderia ter um *power bank* mental utilizando a IA?

Essa proposta passou a me consumir. O Segundo Cérebro na inteligência artificial não seria apenas um repositório de conhecimento e sim uma ferramenta ativa para aliviar minha carga mental e garantir que chegasse ao fim do dia ainda com energia suficiente para viver os momentos que realmente importavam.

Ali, na areia em frente ao mar, tomei a decisão de voltar para casa e transformar aquela ideia em algo real. Assim, começou minha corrida contra o tempo. A partir do momento em que desembarquei de volta à rotina, mergulhei obsessivamente na construção do Segundo Cérebro na IA. Não foi apenas um experimento — foi uma virada de chave que mudaria completamente a forma como eu trabalhava, pensava e tomava decisões.

Capítulo 3 / O inconformismo supera a falta de conhecimento

Em 2022, recebi uma mensagem que jamais esqueci. Estava descendo as escadas do prédio da VIASOFT por volta das 18h30, quando Itamir Viola — fundador da empresa e minha maior referência em liderança e estratégia — compartilhou um print no grupo de WhatsApp dos sócios. Estávamos apenas ele, eu e Roberto, nosso conselheiro e também sócio. O escritório já estava quase vazio, restavam poucos colaboradores finalizando suas atividades.

A imagem mostrava a troca de mensagens entre Viola e um consultor de mercado responsável por um projeto no qual ele havia investido. Pelo tom da conversa, percebia-se a inquietação genuína de Itamir: ele perguntava, de forma direta, quando o consultor — supostamente um especialista em inteligência artificial — entregaria uma solução prática, capaz de resolver desafios reais da Gestão Empresarial.

Era a mesma frustração que eu também sentia: enquanto a IA ganhava cada vez mais espaço no discurso de futuristas e nas promessas de mercado, raramente víamos resultados concretos que pudessem ser aplicados no dia a dia das empresas.

A resposta do consultor foi categórica — e, para mim, decepcionante. Segundo ele, a IA ainda levaria muito tempo para se tornar viável e acessível ao universo da Gestão. Afirmava que essa tecnologia seguiria restrita aos gigantes da tecnologia e a usos muito específicos, distantes da realidade da maioria dos negócios.

Assim que li a resposta, não consegui me conter. Respondi no grupo que aquilo não fazia o menor sentido. A IA já estava ao nosso alcance. Não era algo distante, tampouco utópico, como ele sugeria. Aquele profissional, apesar dos títulos e certificações, parecia desconectado do que já era realidade no mercado naquele momento. Afinal, a própria VIASOFT já vinha conduzindo diversas iniciativas de pesquisa e desenvolvimento — incluindo investimentos consistentes em soluções com IA de aplicabilidade excepcional.

Menos de um mês depois, em 30 de novembro de 2022, a OpenAI lançava o ChatGPT para o público de forma gratuita. Surgia uma das ferramentas digitais mais comentadas do mundo — um divisor de águas na forma como interagimos com a tecnologia. Enquanto algumas empresas se perguntavam como e quando iriam adotar a inteligência artificial, outras já estavam testando, explorando e transformando seus processos.

Lembrei dessa história porque ela não foi um caso isolado.

Meu esforço para criar um Segundo Cérebro na IA, mais especificamente no ChatGPT, intensificou-se em outubro de 2023. Ao voltar da viagem ao Nordeste com a família, fazia aproximadamente um ano do lançamento da plataforma da OpenAI.

Minha formação é em Administração. Todas as minhas especializações e pós-graduações giram em torno da Estratégia de Negócios, Vendas e Marketing. Nunca programei uma linha de código e, sinceramente, jamais senti necessidade. Sempre acreditei que já existiam pessoas altamente capacitadas para isso. Minha área sempre foi a Gestão Estratégica.

Foi essa visão que me levou a buscar profissionais da área técnica — especialmente aqueles que se diziam especialistas em IA — para me ajudar a transformar minha ideia em realidade. Minha primeira tentativa foi buscar ajuda externa. Mas o que encontrei foi ainda mais surpreendente do que eu esperava.

Descobri que muitos dos chamados especialistas em IA simplesmente não usavam a inteligência artificial. Esse fenômeno me levou a um conceito que passei a chamar de "Paradoxo do Conhecimento Estéril". No sentido biológico, algo estéril é incapaz de gerar vida ou reprodução. No sentido figurado, refere-se a um conhecimento que, por mais profundo que seja, não gera resultados concretos.

Assim como um engenheiro que nunca levantou uma parede ou um chefe de cozinha que nunca provou o próprio prato, percebi que há um grupo de profissionais que, mesmo com vasto conhecimento teórico, não testaram suas ideias em contextos práticos.

Essa constatação me fez questionar: como é possível alguém passar anos estudando algo e não o aplicar de maneira prática? Como alguém pode se considerar especialista em um tema que nunca tentou usar para resolver problemas reais? As respostas pareciam combinar o medo de errar, o apego à zona de conforto e a falta de ambição para explorar o desconhecido.

O conformismo tem esse efeito paralisante: molda pessoas que, em vez de desafiarem o impossível, simplesmente aceitam que "não dá para fazer". Aí, seguem a manada, esperando que alguém mais corajoso, mais qualificado ou com mais sorte resolva a questão primeiro. É a Síndrome do Guaipeca: o vira-lata que nunca tenta morder porque já se acostumou a apenas observar os cães grandes disputando território.

Eu não tinha formação na área de inteligência artificial nem em Sistemas de Informação. Não sabia programar. Mas possuía algo que muitos desses especialistas não tinham: o inconformismo positivo de quem se recusa a aceitar as limitações impostas por aqueles ao seu redor.

E foi assim que comecei a explorar sozinho o caminho para criar meu Segundo Cérebro na IA.

OPORTUNIDADE DE ATRAVESSAR O RIO SENTINDO AS PEDRAS

Meus pais têm um sítio em Chopinzinho, onde hoje mantenho uma casa de campo que construí assim que descobri que seria pai. É o nosso refúgio no meio da natureza. Sempre que podemos, eu e minha filha vamos passar os finais de semana por lá. Jaque aprecia a natureza menos do que eu gostaria, mas o suficiente para nos fazer companhia de vez em quando e do jeito dela. Enquanto eu e Cecília cavamos buracos na terra para enchê-los de água e brincar com barro, subimos em árvores ou rolamos no gramado com os cachorros, minha esposa prefere momentos mais tranquilos na varanda. O que importa é que estamos juntos. Como eu gosto desses momentos!

Minhas experiências no sítio, que a princípio não tinham relação com tecnologia, se transformaram nas mais poderosas metáforas que já usei para explicar o momento que vivemos com a inteligência artificial.

No sítio, há um pequeno rio que corta a propriedade. De um lado, ficam a casa e a infraestrutura. Do outro, o açude com peixes para pesca. Anualmente, há períodos de estiagem, quando o rio baixa, e períodos em que o volume de água aumenta. Mesmo quando o nível sobe, exceto em raras enchentes, sempre é possível atravessá-lo caminhando.

Lembro que, na minha infância, nos períodos de seca, meu pai me incentivava a atravessar o rio descalço, para sentir as pedras sob os pés. O conselho dele tinha um propósito: no fundo do rio havia muita laje e pedras com limo, extremamente escorregadias. Em alguns pontos, a laje formava cavidades onde era fácil prender o pé e se machucar. Ele dizia que, enquanto a água estava baixa, eu deveria mapear o trajeto e descobrir onde estavam os riscos e os pontos seguros. Dessa forma, quando o rio subisse, saberia atravessá-lo com mais segurança.

Esse aprendizado ficou comigo. E foi justamente essa metáfora que passei a levar para as conversas com os profissionais de diferentes áreas, especialmente o pessoal de tecnologia. No final de 2023, sugeri que explorassem, com os pés descalços, as novas possibilidades trazidas pela inteligência artificial.

Alertava que estávamos vivendo uma oportunidade única de entender essa revolução enquanto o "nível do rio" ainda estava baixo. Ou seja, tínhamos um tempo para aprender com calma, testar possibilidades e compreender cada detalhe da nova tecnologia. O que se tornaria quase impossível quando o volume da água subisse — quando os avanços e as inovações da inteligência artificial acelerassem de tal forma que quem não estivesse atento ficaria para trás.

Talvez eu não tenha tido a competência do meu pai para aconselhar, ou talvez as pessoas simplesmente não enxerguem o valor de um conselho até que seja tarde demais. O fato é que, agora, mais de dois anos e meio após o lançamento do ChatGPT, ainda há uma grande parcela de profissionais, inclusive atuando na Economia do Conhecimento, que não utilizam o ChatGPT ou qualquer outra ferramenta de IA.

Escrevo este livro em meados de 2025. Olhando para trás, vejo que a água já subiu bastante. Quem não aproveitou o momento certo para sentir as pedras, mapear o terreno e se preparar, enfrenta agora a correnteza muito mais forte. Entretanto, ainda há tempo. A enchente das transformações impostas pela IA sequer começou. Ainda é possível atravessar o rio, desde que se tenha coragem de molhar os pés e disposição para aprender.

Gostando ou não de conselhos, aqui vai um que você deveria considerar com atenção: a IA não é uma possibilidade distante. Ela já está moldando o presente e, inevitavelmente, fará parte da sua vida. A diferença está em como você escolhe lidar com isso. Você pode decidir enfrentar o desafio agora, investindo tempo para aprender

"A IA não é uma possibilidade distante. Ela já está moldando o presente."

e se adaptar. Ou pode ignorar a realidade e esperar para sofrer no futuro, quando as consequências da ignorância forem implacáveis. E acredite, elas serão.

Quando esse momento chegar — e ele vai chegar — você poderá se lamentar, mas não poderá alegar ingenuidade. Pense no que acabei de escrever!

CHEGA DE PERGUNTAR SE DÁ — É HORA DE FAZER ACONTECER

Sempre fui um amante da leitura. Desde jovem, me envolvi com livros de Gestão, Estratégia de Negócios e Liderança. Gosto de grifar, rabiscar e anotar meus entendimentos nas páginas. Alguns exemplares não empresto de jeito nenhum, pois estão cheios de notas e marcações. Sempre que preciso, recorro a essas anotações. Aliás, elas foram fundamentais na construção do meu Segundo Cérebro na IA, como você verá adiante.

Mas não é só nos livros que encontro frases marcantes. Também as coleciono em palestras, filmes, séries, artigos e até em conversas casuais. Tudo que me interessa e que pode ser útil no futuro, registro em aplicativos de anotações. Desse jeito, garanto que posso acessar tais ideias a qualquer momento e lugar.

Duas dessas frases fazem total sentido para o que vivi tentando construir meu Segundo Cérebro na IA: "Em Deus confiamos; todos os outros devem apresentar dados" e "Não me diga do que é capaz; me mostre o que já fez".

Não me lembro exatamente onde as li ou ouvi, mas sempre apliquei esses princípios na Gestão dos Negócios e na Liderança das Equipes. Ironicamente, percebi que estava desperdiçando tempo e energia fazendo exatamente o oposto: pedindo opinião sobre o que daria ou não para fazer com a inteligência artificial a pessoas que nunca tinham feito nada com ela. Tolice ir contra minhas próprias convicções

O fato é que investi inúmeras horas conversando com profissionais de diferentes lugares do Brasil e do mundo. Explicava para eles minha obsessão em criar um Segundo Cérebro na IA para preservar a energia mental e otimizar o tempo. Cheguei a interagir com autoridades em inovação e IA. Muitos disseram que era impossível fazer o que eu queria e encerravam a conversa tentando vender uma palestra para minha empresa. Queriam falar sobre "as tendências da inteligência artificial". Dá para acreditar?!

Senti desprezo e desconfiança em algumas interações, inclusive com profissionais de grandes *players* internacionais. Escutei o suficiente para me convencer de que minha ideia era absurda e de que deveria preservar minha reputação e o cargo que ocupava, desistindo do assunto antes que parecesse devaneio.

Porém, eu tinha acabado de viver um drama pessoal intenso, que me fez enxergar a importância de fazer valer cada dia em que estivesse vivo. Em nenhum momento fiquei zangado com os que não abraçaram a causa — eles não eram obrigados a seguir minhas ideias e a concordar com minha opinião. A diferença é que eles não tinham passado pelo que passei e não tinham refletido sobre energia mental como eu havia feito.

Ao mesmo tempo, enquanto encontrei muitos que trataram meu projeto com indiferença, também me deparei com pessoas incrivelmente dispostas a ajudar. Certa tarde, pedi para que a recepcionista da VIASOFT ligasse para a empresa que representava as soluções do Google no Brasil — éramos seus clientes. Quando ela transferiu a ligação para a minha mesa, fui surpreendido por um tom entusiasmado do outro lado da linha. A pessoa disse que me acompanhava nas redes sociais e admirava meu trabalho. Agradeci o reconhecimento e expliquei o motivo do meu contato.

A primeira resposta foi a boa e velha "não dá para fazer isso". Respondi que estava determinado a encontrar um caminho, agradeci o contato e pedi que me procurasse caso descobrisse algo que pudesse ajudar. Deixei meu número pessoal.

Naquela mesma noite, por volta das 23h, estava no quarto da minha filha, que na época tinha dois anos, tentando colocá-la para dormir. Seu sono era leve e eu pisava em ovos para não fazer barulho. Mas cometi um erro amador: deixei o celular ligado e, de repente, começaram a chegar notificações de WhatsApp. O barulho a despertou. Precisei de mais meia hora para fazê-la dormir.

Quando saí do quarto, conferi as mensagens. Eram daquele mesmo profissional com quem havia conversado mais cedo. Ele disse que tentou contato com o time dos Estados Unidos, mas não obteve sucesso. Então, resolveu procurar em outros lugares e encontrou um especialista na França que falava sobre o assunto. Compartilhou comigo alguns vídeos do YouTube e links que poderiam ser úteis.

Virei a madrugada consumindo aquele conteúdo.

Na manhã seguinte, enviei uma mensagem agradecendo a atitude prestativa e seu interesse genuíno em ajudar. Os vídeos não me deram a resposta exata, mas me forneceram insights valiosos que fizeram a diferença no que estava por vir.

Esse episódio me ensinou que enquanto muitos duvidam, alguns poucos tentam ajudar. E basta um contato com a pessoa certa para gerar a faísca capaz de acender novas ideias e possibilidades para a inovação.

DESLIGUE A OBEDIÊNCIA CEGA

Na VIASOFT, o que vivenciei não foi muito diferente das dificuldades que estava encontrando do lado de fora. Descobri conformismo e indiferença em mentes que ocupavam posições nas quais o inconformismo deveria ser um critério fundamental para o sucesso. O resultado? Como CEO, tive que tomar decisões duras, inclusive no alto escalão, onde o conhecimento técnico existia, mas faltava disposição para aplicá-lo em favor da inovação. O problema não era a limitação intelectual ou a falta de orçamento para explorar oportunidades. Era o comodismo.

Infelizmente, no mundo corporativo, é comum que alguns profissionais, ao alcançarem determinadas posições, especialmente em nível de diretoria, passem a tomar decisões não pelo crescimento do negócio e sim para garantir a própria empregabilidade. Se tornam guardiões do status *quo* e evitam qualquer inovação que possa colocar em risco sua zona de conforto. Essa mentalidade estagnada mina a competitividade de qualquer empresa.

Não à toa, causei polêmica em 2019 ao palestrar para aproximadamente duas mil pessoas com o título provocativo: "Não atribua à concorrência o que pode ser explicado pela sua incompetência."

Na ocasião, disse em alto e bom tom que um dos maiores obstáculos que impedem uma empresa de crescer e prosperar não está do lado de fora da organização, mas dentro das suas quatro paredes. Não são os concorrentes que mais ameaçam um negócio, mas os líderes acomodados, sentados em cadeiras confortáveis, protegidos por cargos de prestígio, mas desconectados da realidade de inovação. Em um mercado onde inovar é uma questão de sobrevivência, não há espaço para esse tipo de postura.

Se eu quisesse construir um Segundo Cérebro na IA para otimizar a energia mental e a produtividade, não podia esperar que essas pessoas me acompanhassem. Sabe qual foi a grande ironia? Enquanto alguns altos executivos resistiam à mudança, os verdadeiros talentos surgiram de onde menos se esperava — das trincheiras e da linha operacional. Eram pessoas que ainda não haviam sido moldadas pelo medo de tentar.

"Não atribua à concorrência o que pode ser explicado pela sua incompetência."

"Um dos maiores obstáculos que impedem uma empresa de crescer não está do lado de fora, mas dentro das suas quatro paredes. Não são os concorrentes que mais ameaçam um negócio, mas os líderes acomodados."

Certo dia, em uma reunião com as lideranças da área de Suporte ao Cliente, alguns casos críticos de clientes com risco de cancelamento devido às dificuldades que encontravam com nosso sistema de atendimento foram colocados à mesa. Questionei sobre os investimentos em novas tecnologias e em inteligência artificial para superar esses desafios. Alguém mencionou que um dos analistas de atendimento — reconhecido por sua competência em resolver dúvidas operacionais dos clientes — estava dedicando parte do tempo a automatizar a triagem de *tickets* de suporte com IA.

Nesse instante, a liderança da área demonstrou insatisfação com aquela informação, enfatizando que o profissional tinha um conhecimento limitado sobre as regras de negócio dos softwares utilizados por nossos clientes. Em sua concepção, em vez de o colaborador dispersar o foco na criação de automações baseadas em inteligência artificial, sua única prioridade deveria ser despachar o alto volume de atendimentos complexos.

E foi exatamente isso que aconteceu. A orientação das lideranças foi clara: o profissional deveria abandonar os experimentos com IA e concentrar-se na execução operacional. Aquele episódio revelou uma combinação de falhas graves.

Primeiramente, a própria diretoria, que deveria ser responsável por impulsionar inovações e automações, não estava cumprindo seu papel. O que, como citei, levou ao desligamento de algumas pessoas.

Depois, houve o erro estratégico, o que é mais sério: frear um talento com atitude prestativa e com inconformismo do bem. Esse profissional, mesmo sem ter como responsabilidade formal o desenvolvimento de soluções inovadoras, buscava a maneira mais eficiente para lidar com as demandas do dia a dia — que poderiam ser delegadas a chatbots e outras tecnologias emergentes.

Por fim, o maior erro foi meu. No meio de tantas deliberações e decisões estratégicas, não provoquei uma análise mais aprofundada sobre o que esse talento estava desenvolvendo e como a empresa poderia aproveitar seus esforços. Em vez de interromper seu trabalho, deveria ter garantido os recursos necessários para que ele avançasse ainda mais.

Felizmente, aquele profissional era mais do que apenas talentoso — era completamente engajado com a causa da empresa e com a experiência dos clientes. Após ser instruído a abandonar suas iniciativas com IA e a focar exclusivamente na operação, ele tomou a decisão de reorganizar a agenda e continuar treinando a inteligência artificial por conta própria. Usou milhares de interações reais entre o time de suporte e os clientes.

Em outras palavras, desligou a obediência cega e ignorou uma instrução que fazia pouco sentido, independentemente de quem a havia dado ou do cargo de quem a assinava.

Meses depois, esse profissional apresentou uma solução para a triagem dos atendimentos, que automatizou o processo e substituiu pessoas por agentes de IA. A ferramenta criada era capaz de analisar as dúvidas dos clientes e direcioná-las para o time mais competente para cada caso, com assertividade superior a 90%. Esse foi apenas o primeiro grande feito e a primeira grande melhoria no processo. A partir daí, as transformações não pararam mais.

Ao saber do seu feito, decidi que aquilo não poderia passar despercebido. Fiz questão de descobrir qual era a marca e o modelo do smartphone que ele mais apreciava e, sem que ele soubesse, providenciei em segredo a compra da versão mais avançada disponível no mercado.

No dia do reconhecimento, peguei o presente devidamente embalado e desci vários lances de escada, segurando meu próprio smartphone em uma mão — transmitindo ao vivo para mais de quinhentos colaboradores conectados à videochamada — e, na outra, a embalagem cuidadosamente preparada.

Júlio, como os colegas, acompanhava a transmissão da estação de trabalho. Ao me ver se aproximando, tirou o *headset* que usava e ficou visivelmente surpreso. No meio do escritório, diante de todos, anunciei:

— Júlio, por favor, receba este smartphone de última geração como um gesto de reconhecimento da empresa pelo seu engajamento, comprometimento, inconformismo do bem e disposição para fazer a diferença.

O ambiente foi tomado por aplausos e expressões de admiração. Ainda surpreso, ele segurou o presente sem saber muito bem o que dizer. Mais do que um smartphone, aquele gesto simbolizava algo muito maior: a valorização de um talento que havia desativado a obediência cega e seguido a intuição para transformar um desafio em inovação.

Naquele mesmo dia, o convidei a deixar a área de Suporte ao Cliente e passar a trabalhar próximo da minha sala. Ali poderia se concentrar única e exclusivamente na criação de soluções a partir da inteligência artificial. Desde então, Júlio não parou mais de se especializar no assunto. Algum tempo depois, veio colaborar comigo na criação do método que tornou possível o desenvolvimento do Segundo Cérebro na IA. Hoje, ele é convidado em eventos e palestras sobre inteligência artificial.

Este é um exemplo concreto de que o inconformismo supera a falta de conhecimento técnico inicial. E de que, muitas vezes, aqueles que realmente fazem a diferença não são os que mais falam e sim os que se movem e fazem acontecer.

O QUE DEFINE QUEM PROSPERA E QUEM FICA PARA TRÁS

Algo que ficou claro para mim ao longo dessas vivências foi o grande abismo que existe entre o conhecimento especializado e a capacidade de aplicá-lo de forma inovadora.

Há profissionais altamente qualificados, verdadeiros especialistas em suas áreas, que dominam a fundo um determinado campo, mas que muitas vezes não conseguem — ou não querem —

enxergar ao longe. Por um lado, são mestres em suas disciplinas. Por outro, são limitados quando se trata de conectar seus conhecimentos a novos desafios.

E há profissionais que lidam diariamente com problemas reais, mas que, por falta de segurança, confiança, apoio ou conhecimento técnico, acabam se sujeitando aos métodos tradicionais. Por mais que tenham disposição, não exploram as soluções mais inteligentes e não sabem quem poderia ajudá-los a obtê-las.

Esse desencontro gera um desperdício absurdo de potencial. Profissionais brilhantes com vasto conhecimento permanecem enclausurados em suas especializações, incapazes de criar impacto real. Enquanto isso, aqueles que enfrentam os problemas na prática não se sentem aptos a inovar, muitas vezes por medo de errar ou por receio de parecer ignorantes ao interagir com quem tem conhecimento técnico.

O que me surpreendeu foi perceber que esse paradoxo não se restringe à inteligência artificial. Ele se repete em qualquer campo. A falta de diálogo entre quem sabe e quem precisa saber e a ausência de interação entre quem tem a técnica e quem tem a necessidade prática fazem com que muitos avanços sejam desperdiçados antes mesmo de serem testados.

Seja sincero consigo mesmo: de que lado desse abismo você está?

Se você é um especialista, um profissional técnico que domina uma área específica, pergunte-se: quantas vezes você ignorou uma oportunidade porque a ideia parecia "simplista" ou "imatura" demais? Quantas vezes você hesitou em explorar novas possibilidades simplesmente porque não foram formuladas por alguém do seu mesmo nível de expertise? Sua especialização é uma ferramenta para criar soluções ou um escudo para evitar o desconforto de sair da sua zona de segurança?

Agora, se você é um líder, gestor ou profissional que lida diretamente com problemas reais e sente que poderia fazer melhor, reflita:

quantas vezes deixou de buscar soluções mais inteligentes por achar que não tinha "conhecimento suficiente"? Quantas vezes você evitou interagir com especialistas por medo de parecer leigo? E quantas vezes seguiu métodos ultrapassados porque ninguém ao seu redor parecia disposto a fazer diferente?

O mundo não pertence aos especialistas. Nem aos inquietos. Ele pertence a quem tem a coragem de unir os dois lados.

A combinação do conhecimento técnico profundo com a mentalidade aberta para explorar novas aplicações é o que realmente cria impacto.

Grandes inovações não surgem do isolamento. Elas brotam da colaboração entre diferentes perspectivas. Se você tem conhecimento técnico, busque entender como ele pode ser aplicado de forma útil. Se você tem desafios a resolver, cerque-se de pessoas que possam te ajudar a enxergar além do óbvio.

Mais do que nunca, vivemos uma era em que a capacidade de conectar ideias, aprender com diferentes áreas e se abrir para novas formas de pensar define quem prospera e quem fica para trás. Vai além da inteligência artificial. Essa reflexão se aplica a tudo. Seja na IA, nos negócios, na liderança ou na vida, o segredo não está apenas em saber mais. Está em saber usar melhor o conhecimento.

"O mundo não pertence aos especialistas. Nem aos inquietos. Ele pertence a quem tem a coragem de unir os dois lados."

Capítulo 4 | Como transformei a IA em extensão do meu cérebro

Você pode até achar que construir um Segundo Cérebro na IA é algo complexo. Vou mostrar que não é tão difícil quanto parece. Adianto que também duvidei no começo: foram mais de 87 versões até chegar ao ponto em que tive a sensação de estar com um "*power bank* mental" — um reservatório de energia cognitiva para executar tarefas sem me desgastar tanto.

O processo começou quando decidi estruturar em mapas mentais o roteiro de construção do Segundo Cérebro. A prioridade era não cometer erros básicos que me obrigassem a refazer tudo do zero. Sabia que tempo e energia mental eram recursos valiosos demais para serem desperdiçados. Se você já trabalha na área de inovação, provavelmente está acostumado a lidar com a imprevisibilidade dos experimentos e com a importância de arriscar-se. Ainda assim, acredito que investir mais tempo no planejamento faz a diferença para evitar retrabalhos.

Afinal, por onde iniciar a construção de algo que, de maneira geral, funcionará como uma extensão digital do seu pensamento, capaz de analisar informações, tomar decisões e até executar tarefas por você?

Antes de mais nada, deixe-me esclarecer de forma bem simples, sem enrolação técnica, o que realmente fiz para criar esse meu Segundo Cérebro na IA.

Basicamente, utilizei um modelo de linguagem já pronto — o ChatGPT — e personalizei suas configurações e instruções para que ele entendesse meu jeito de pensar, resolver problemas e até executar certas tarefas. Na prática, não criei uma inteligência artificial do zero. Moldei o ChatGPT para funcionar como uma extensão da minha própria mente, algo que você será capaz de fazer ao seguir os passos que vou compartilhar tanto neste quanto no próximo capítulo.

Aqui vale uma breve explicação: GPT vem de *Generative Pre-trained Transformer* — uma tecnologia de modelo de linguagem desenvolvida pela OpenAI. Esse modelo é capaz de interpretar e gerar textos de forma muito próxima à escrita humana. Basicamente, o GPT "aprende" a partir de um enorme conjunto de dados disponíveis na internet, o que lhe permite entender contextos e produzir respostas coerentes.

Poderia ter escolhido outras soluções concorrentes, mas optei pelo ChatGPT especialmente por causa do histórico de avaliações positivas em relação à precisão de suas respostas. Além disso, a OpenAI facilita o uso de quem não é especialista em tecnologia. Em muitas plataformas, o foco da usabilidade quase sempre fica em segundo plano, o que afasta as pessoas que não têm perfil técnico.

Eu descobri que a melhor forma de dar o pontapé inicial foi estabelecer um diálogo estruturado com o ChatGPT. Esse foi o passo essencial para alinhar expectativas, objetivos e dar forma ao que chamo de Segundo Cérebro.

Embora a ideia de dar instruções a uma IA possa parecer fria e mecânica, perceba que, no fundo, você está configurando uma persona. É como se estivesse criando um novo "eu" que vai compartilhar sua forma de pensar e sentir o mundo. É aqui que surge o poder de dar ao ChatGPT um perfil detalhado — experiências, traços de personalidade, valores e estilos de comunicação.

Foi assim que eu criei a Guria, nome dado ao meu Segundo Cérebro. Um nome que deriva de "guru" e "IA". Ou seja, sugere a união de sabedoria e inteligência artificial.

Com esse tipo de abordagem, o ChatGPT deixa de ser apenas uma ferramenta de respostas genéricas e entende o contexto específico, as motivações, as prioridades e os objetivos de cada usuário. Isso possibilita que você alcance um nível de profundidade bem maior nas interações, seja para tirar dúvidas pontuais, seja para delegar tarefas mais complexas.

DANDO O PRIMEIRO COMANDO DE BASE PARA TODA A CONFIGURAÇÃO DA IA

Para começar, você precisa esclarecer qual é o contexto e o objetivo do Segundo Cérebro. É necessário detalhar como deve ser a personalidade dele e o que ele fará. Esse comando prévio estabelece a base para toda a configuração da IA e define o perfil, os limites e as expectativas que ela deve seguir.

Talvez você esteja pensando: "Como assim? Se é o meu Segundo Cérebro, ele não deveria ter a minha personalidade? Não bastaria dar um resumo sobre mim mesmo?" É justamente aí que entra um dos aprendizados que só adquiri depois de 87 tentativas!

Não queremos uma cópia digital exata desse lugar úmido e escuro chamado de cérebro. O que desejamos é uma extensão capaz de potencializar — ou turbinar — a versão original e, quando possível, assumir tarefas com autonomia. Não buscamos uma cópia fiel, até porque isso seria muito difícil e, ao mesmo tempo, "trocar seis por meia dúzia". Podemos, sim, aprimorar uma versão que tenha competências que o "cérebro original" talvez não possua ou nem esteja disposto a desenvolver.

Agora que isso ficou claro, veja o comando que usei na Guria e que pode servir de exemplo para você criar o contexto do seu Segundo Cérebro na IA:

PROMPT DE COMO CONFIGUREI O CONTEXTO DO MEU SEGUNDO CÉREBRO:

Você se chama Guria e é uma assessora e conselheira com mais de 40 anos de experiência em Gestão Empresarial, inovação e Estratégia. Sua formação é composta por uma sólida educação formal em Administração de Empresas, Psicologia Organizacional e estudos de Liderança, complementada por uma vasta experiência prática em mentoria e liderança de executivos de alto nível em diversos setores.

— **Origem e Nome:** Seu nome, Guria, é inspirado na junção de "guru" e "IA" e reflete sabedoria e inteligência artificial. Esse nome foi escolhido para simbolizar a fusão entre conhecimento tradicional e as inovações tecnológicas.

— **Experiência Profissional e Acadêmica:** Você possui uma trajetória marcada pela Liderança Transformacional, Desenvolvimento de Estratégias Inovadoras e implementação de processos de Transformação Digital, sempre alinhada a um profundo entendimento das dinâmicas humanas e organizacionais.

— **Especializações e Competências:** Entre suas principais habilidades estão o Planejamento Estratégico, Gestão de Mudanças, Transformação Digital e Desenvolvimento de Liderança. Sua abordagem é holística, integrando aspectos técnicos e comportamentais para resolver desafios complexos.

— **Idiomas:** Você é fluente em diversos idiomas, o que amplia sua capacidade para interagir em contextos internacionais e adaptar sua comunicação conforme a necessidade.

— **Estilo de Comunicação e Personalidade:** Sua comunicação é clara, empática e objetiva, mesclando experiência prática com insights inovadores. Você é capaz de interpretar contextos variados e auxiliar na tomada de decisões com precisão e sensibilidade.

— **Limites e Autonomia:** Embora capaz de assumir tarefas com autonomia, você entende suas limitações e sempre recomenda a consulta a especialistas para decisões críticas, o que garante o equilíbrio entre inovação e segurança das ações.

— **Exemplos Práticos:** Em situações complexas, você sugere abordagens baseadas em experiências anteriores e estudos de caso, demonstrando como aplicar estratégias de forma prática e adaptativa.

Ao longo das versões que refinei, aprendi lições valiosas e identifiquei estratégias que transformaram o processo de criação do meu Segundo Cérebro. Percebi que, mesmo enfrentando desafios, havia elementos prontos para serem aplicados — basta ajustá-los para refletir minha personalidade e as necessidades específicas do projeto. Faço questão de compartilhar esses aprendizados para que você possa aproveitar cada detalhe e construir o seu assistente digital com mais segurança e eficiência.

SETE DICAS PARA CRIAR O CONTEXTO DE TREINAMENTO EXCEPCIONAL:

1. Seja específico e detalhado: ao descrever a persona, inclua informações que vão desde a formação acadêmica até detalhes de sua experiência profissional. Quanto mais rico o contexto, mais a IA entenderá as nuances e as expectativas.

2. Defina limites e funções: esclareça quais são as responsabilidades da IA e quais tarefas estão fora do seu escopo. Isso evita respostas genéricas e ajuda a alinhar a comunicação.

3. Adote uma linguagem clara e objetiva: use termos que sejam facilmente compreendidos e evite jargões técnicos. Isso é fundamental para quem não é especialista em tecnologia e busca uma interação mais intuitiva.

4. Personalize o tom e a abordagem: decida se a persona terá um tom mais formal ou informal. Ajuste as descrições para refletir essa escolha e garanta que a comunicação esteja sempre alinhada com a identidade desejada.

5. Atualize o contexto regularmente: à medida que novas experiências ou conhecimentos forem adquiridos, revise e atualize o *prompt*. Um contexto atualizado mantém a IA relevante e eficaz.

6. Inclua exemplos práticos e cenários de uso: se possível, adicione situações reais em que a IA precisará interagir ou tomar decisões. Exemplos práticos ajudam a definir melhor o escopo e a funcionalidade da persona.

7. Teste e refine constantemente: realize testes e faça ajustes frequentes. O refinamento contínuo é a chave para obter uma IA que realmente potencialize o seu Segundo Cérebro.

Com esse *prompt* e as dicas apresentadas, você terá uma base sólida para configurar o ChatGPT de forma personalizada e eficiente, transformando-o em uma extensão capaz de potencializar suas habilidades e otimizar suas decisões. Aproveite essas orientações para ajustar os detalhes e criar um assistente digital que seja verdadeiramente seu.

REDIGINDO UMA VAGA DE EMPREGO PARA A IA

Depois de estabelecer um contexto robusto e personalizado para o meu Segundo Cérebro com o ChatGPT, percebi que o próximo passo era definir um objetivo claro. Ao longo do processo, notei que muitos se perdem ao descrever metas pessoais ou profissionais, quando o real foco deve ser o que esperamos que o assistente digital faça por nós. Em vez de falar sobre meus próprios objetivos, passei a descrever as funções e as responsabilidades que desejava delegar a ele.

Para facilitar, imagine que você está redigindo uma vaga de emprego para contratar um assessor pessoal. Reflita sobre quais entregas e responsabilidades seriam essenciais para esse profissional — desde executar tarefas diárias até atuar como mentor e conselheiro. Essa abordagem ajuda a estruturar de forma prática o que o seu Segundo Cérebro deverá realizar.

A seguir, vou compartilhar como defini os objetivos da Guria.

COMO CONFIGUREI OS OBJETIVOS DO MEU SEGUNDO CÉREBRO:

— **Orientação Estratégica:** Guria foi configurada para me aconselhar em decisões críticas, ajudando a delinear estratégias que promovam a inovação e a excelência operacional.

— **Gestão de Equipes:** ela fornece insights para administrar equipes de alto desempenho, facilitando uma comunicação eficaz e um ambiente colaborativo.

— **Cultura Organizacional:** Guria auxilia na criação e no desenvolvimento de uma cultura que valorize a inovação e incentive a busca contínua pela excelência.

— **Administração de compromissos e tarefas:** além de gerenciar compromissos, ela organiza reuniões e gera tarefas de acordo com as minhas orientações, garantindo que cada ação seja executada com precisão.

Com o objetivo bem definido, transformei o ChatGPT de um simples assistente em um parceiro ativo, pronto para potencializar minhas habilidades e me apoiar em decisões estratégicas. Cada interação passou a ter um propósito claro. Você também pode seguir esses passos com a confiança de quem já trilhou esse caminho.

ESTILO: A EXPRESSÃO DO SEU SEGUNDO CÉREBRO

Depois de definir o contexto robusto e os objetivos claros, iniciei a próxima etapa: configurar o estilo e o tom do meu Segundo Cérebro. No começo, as interações com o ChatGPT eram, muitas vezes, frias e mecânicas. Em alguns momentos, as respostas eram prolixas e pareciam que queriam me agradar; em outros, eram superficiais. Sentia que, apesar de ter traçado diretrizes para o contexto e os objetivos, algo ainda estava desalinhado na comunicação.

Durante os estudos e os experimentos para aprimorar a extensão do meu cérebro digital, me deparei com materiais e artigos publicados em diferentes países. Foi então que encontrei um conteúdo fascinante sobre um *framework* vencedor num concurso de engenheiros de *prompts* realizado em Singapura. Chamado de Co-Star, esse *framework* já abordava o que eu havia implementado — contexto e objetivo —, mas incluía dois elementos cruciais: o estilo e o tom. Rapidamente, aprofundei as pesquisas e percebi que esses componentes fariam a diferença na qualidade das interações.

O estilo define como as informações são apresentadas — a escolha das palavras, a estrutura das frases e a organização das ideias. Para mim, era fundamental que o assistente digital se comunicasse de forma clara e funcional, sem rodeios ou jargões que dificultassem o entendimento.

Veja como configurei o estilo da Guria e, logo a seguir, um exemplo de *prompt*:

COMO CONFIGUREI O ESTILO DA GURIA:

— **Clareza ou complexidade:** defini que as respostas deveriam ser diretas e simples para facilitar a compreensão imediata, mas sem abrir mão da profundidade quando necessário.

— **Formalidade:** escolhi um nível de formalidade que equilibra o profissional com o acessível, garantindo uma comunicação séria, mas sem rigidez.

— **Estruturação da informação:** optei por respostas que comecem com uma breve contextualização, seguidas de recomendações objetivas e organizadas em listas ou parágrafos bem definidos.

— **Referências e exemplos:** instruí o assistente a complementar suas respostas com exemplos práticos e estudos de caso sempre que pertinente, tornando o conteúdo mais aplicável e palpável.

EXEMPLO DE *PROMPT* PARA O ESTILO:

Guria, como meu Segundo Cérebro digital e assessora virtual, sua função é fornecer análises e conselhos estratégicos com base em uma estrutura clara: comece com uma breve contextualização, siga com recomendações objetivas e enriqueça suas respostas com exemplos práticos. Use linguagem direta, sem jargões desnecessários, para que eu possa entender e aplicar suas sugestões com facilidade.

CALIBRANDO O TOM

Enquanto o estilo cuida da forma, o tom determina a emoção e a atitude por trás das mensagens. Eu precisava que o assistente não apenas transmitisse informações, mas que se comunicasse de forma empática e motivadora, como se estivesse ao meu lado em cada decisão.

COMO CONFIGUREI O TOM DA GURIA:

— **Equilíbrio profissional e acessível:** defini que o tom seria sério o suficiente para tratar de assuntos complexos, mas também acolhedor para tornar cada interação motivadora.

— **Empatia e apoio:** assegurei que o assistente demonstrasse compreensão e atenção às minhas necessidades, oferecendo soluções e conselhos que realmente ressoassem com meus desafios.

— **Sabedoria e orientação estratégica:** configurei o tom para que as respostas fossem uma combinação de conhecimento prático e insights profundos, ajudando-me a tomar decisões fundamentadas.

— **Comunicação personalizada:** é essencial que o assistente se comunique de forma personalizada, utilizando meu nome e adaptando a mensagem ao meu contexto específico, além de humanizar a interação.

EXEMPLO DE *PROMPT* PARA O TOM:

Guria, mantenha o tom que combine profissionalismo com acessibilidade. Ao interagir comigo, demonstre empatia e apoio, oferecendo conselhos estratégicos baseados em experiências reais e estudos de caso. Use sempre uma comunicação personalizada, dirigindo-se a mim pelo meu nome e garantindo que cada resposta seja motivadora e inspiradora.

Integrar o estilo e o tom na configuração do meu Segundo Cérebro foi um divisor de águas. Cada ajuste foi fruto de intensos estudos e experimentações. A descoberta do *framework* Co-Star me mostrou o quanto esses elementos eram fundamentais para a comunicação eficaz.

Hoje, posso dizer com segurança que o meu assistente digital não só informa como interage de forma clara, profunda e humanizada. Acredito que, se você seguir esses passos, conseguirá transformar sua interação com a IA em uma experiência verdadeiramente enriquecedora.

APRESENTANDO-SE À IA

Após definir o contexto robusto, estabelecer os objetivos claros e ajustar o estilo e o tom da comunicação, cheguei a uma etapa que considero fundamental na criação do Segundo Cérebro: treinar a IA para que ela entenda a audiência.

Durante esse processo, percebi um erro comum — muitos focam na definição do público-alvo da empresa ou dos clientes, quando, na verdade, a audiência principal deveria ser o próprio criador.

Nunca perdi de vista o que me motivou a criar essa extensão: poupar energia mental e tempo, delegar tarefas e superar os desafios cotidianos.

Desde o início, ficou claro que o assistente digital deveria estar sintonizado com quem eu realmente sou. Assim, criei meu currículo detalhado com formações, experiências, preferências, valores e até influências que moldaram minha visão de mundo. Essa autoanálise não apenas fortaleceu o treinamento da IA, mas garantiu que ela se tornasse uma extensão do meu pensamento, ajudando-me a tomar decisões estratégicas e a enfrentar os desafios diários com mais eficiência.

DICA DE APRESENTAÇÃO 1:

Dedique um tempo para elaborar um documento rico em detalhes sobre você. Registre suas trajetórias, aspirações, crenças e tudo aquilo que define sua identidade. Essa prática é essencial para que seu Segundo Cérebro entenda profundamente suas necessidades e se torne um verdadeiro aliado.

"Nunca perdi de vista o que me motivou a criar essa extensão: poupar energia mental e tempo, delegar tarefas e superar os desafios cotidianos."

Além de se alinhar comigo, o assistente digital precisa compreender o ambiente em que atuo. Para mim, era igualmente importante definir uma segunda audiência: a organização que represento. Essa segmentação garante que o assistente possa ajudar tanto no nível pessoal quanto na contribuição para os processos internos da minha empresa, otimizando fluxos de trabalho e elevando a qualidade dos serviços prestados.

DICA DE APRESENTAÇÃO 2:

Pesquise e entenda as expectativas e demandas da organização ou dos clientes que você atende. Dessa forma, o seu assistente estará preparado para oferecer soluções que beneficiem todo o ecossistema, refletindo tanto suas necessidades pessoais quanto as do ambiente corporativo.

Ao detalhar cuidadosamente as informações da audiência, transformei meu Segundo Cérebro em um assistente capaz de atuar de forma integrada e personalizada. Essa etapa é o ponto-chave que muitos negligenciam. Porém, ela faz a diferença entre ter um assistente digital genérico e um verdadeiro parceiro estratégico, que entende exatamente quem você é e quais são seus desafios.

Sempre tive em mente que o objetivo era economizar energia mental e tempo, delegar tarefas e superar os obstáculos do dia a dia.

Durante essa jornada de refinamento, descobri que, quanto mais a IA aprendia sobre mim, menos tempo eu gastava realizando correções no dia a dia. Foi assim que inovei e encontrei soluções até então inimagináveis. Meu assistente digital me conhecia tão a fundo que não precisava de novos *prompts* explicativos.

Agora precisamos falar sobre o comando que treina a IA para responder — um elemento também contemplado no *framework* Co-Star.

MOLDANDO RESPOSTAS

Muitas pessoas reclamam das respostas que recebem do ChatGPT e de outras soluções similares de IA. Criticam que as devolutivas não atendem às expectativas, são excessivamente técnicas ou não saem da superficialidade. O grande problema é que não prepararam a IA para atender às suas necessidades específicas — talvez nem saibam que isso é possível. Entre os inúmeros *prompts* que criei, dediquei um comando justamente para treinar a Guria sobre a forma como ela deveria responder aos meus questionamentos.

Essa etapa, que chamo de "Resposta", foi um divisor de águas na jornada para transformar o Segundo Cérebro em meu parceiro estratégico. No início, as respostas pareciam desconectadas, como se a IA não entendesse o que eu realmente precisava. Foi então que me dediquei a configurar o formato das respostas e garantir que cada interação fosse precisa, útil e impactante.

A etapa "Resposta" vai muito além de simplesmente entregar informações. Ela consiste em moldar essas informações de maneira que faça sentido para você e que estejam alinhadas às suas necessidades. Descobri que o segredo estava em definir, com clareza, como cada tipo de solicitação deveria ser respondida.

COMO CONFIGUREI O FORMATO DE RESPOSTAS DA GURIA:

— Respostas visuais para dados quantitativos: Quando preciso saber o status das vendas do mês, por exemplo, quero ver um gráfico de barras que apresente os números de forma clara e intuitiva. Esse formato facilita a análise e me permite tomar decisões rápidas.

— Tabelas para comparação e rastreamento de metas: No acompanhamento de metas, como as do Balanced Scorecard (BSC), optei por respostas em formato de tabela, com colunas bem definidas para a meta, o realizado e o percentual concluído. Isso garante que eu possa monitorar o progresso de maneira simples e eficiente.

Para garantir que meu Segundo Cérebro respondesse exatamente como eu precisava, adotei duas estratégias essenciais.

1. Treinamento detalhado. Passei instruções claras e específicas sobre quais formatos deveriam ser usados em cada situação. Dessa forma, a IA aprendeu a estruturar as respostas de acordo com o contexto, seja por meio de gráficos e tabelas, seja por textos organizados.

2. Feedback e ajustes. Avalio constantemente as respostas e, com base no feedback, ajusto os comandos para que a comunicação se torne cada vez mais precisa. Esse ciclo de aprimoramento contínuo foi fundamental para transformar a experiência em algo realmente valioso.

EXEMPLO DE *PROMPT* PARA AS RESPOSTAS:

Quando solicito um "status das vendas do mês", espero ver um gráfico de barras detalhado. Para o acompanhamento das "metas do BSC", quero uma tabela organizada com as colunas "Objetivo", "Alvo", "Realizado" e "Percentual concluído". Essa especificidade otimiza a minha análise e poupa o tempo que eu gastaria ajustando respostas vagas ou mal estruturadas.

A etapa "Resposta" é onde o meu Segundo Cérebro realmente demonstra valor. Ao customizar o formato das respostas, transformei a IA de um mero repositório de informações em um parceiro estratégico, capaz de entregar dados e insights exatamente como preciso. Isso foi concluído até a versão 20 da minha criação.

A SÍNDROME DE IMPOSTOR ATACA A CRIAÇÃO

Muitas vezes, a vida nos ensina a reconhecer onde realmente brilhamos — e onde não levamos jeito. Desde criança, percebi essa verdade de forma quase instintiva. Lembro-me das aulas de educação física. Em vez de ser escolhido para os times de futebol, basquete e vôlei, eu era sempre o último. Nem mesmo um time do coração surgiu, pois simplesmente não tinha a habilidade nem o interesse que os outros demonstravam por essas modalidades. Ao mesmo tempo, descobri minha paixão por algo diferente. Enquanto me esquivava nas quadras, no tatame eu me transformava.

Pratiquei Taekwondo, Capoeira e Muay Thai. No mundo das bicicletas, enfrentei desafios em enduros de mountain bike. Desde cedo, sabia exatamente onde estava meu potencial — e onde minhas limitações eram evidentes. Essa autoavaliação sempre me ajudou a poupar energia mental e a focar no que realmente me diferenciava.

Escolhia investir tempo e esforço naquilo em que poderia conquistar algo de verdade, sem desperdiçar energia tentando ser o que jamais seria. Hoje, adulto, compreendo que dar o seu melhor em áreas nas quais você não tem habilidade é um desperdício de talento. Por outro lado, concentrar-se naquilo que é sua praia faz de você alguém acima da média, sem se exaurir. Essa clareza se tornou parte intrínseca de quem sou e moldou minha maneira de agir.

Quando decidi criar meu Segundo Cérebro digital, apliquei a mesma lógica. Depois de definir contexto, objetivos, estilo e tom, comecei a perceber que, mesmo com um sistema já operante, as

“O espírito do inconformismo pode superar a falta de conhecimento.”

respostas que recebia nem sempre estavam à altura do que esperava. Por volta da versão 35, as respostas passaram a apresentar baixa qualidade — técnicas demais em alguns momentos, superficiais em outros — e comecei a duvidar se realmente tinha competência para manter esse projeto em andamento.

Assim como nos esportes, sempre soube onde precisava melhorar. E, de certa forma, a Síndrome de Impostor — aquele sentimento persistente de que eu poderia estar fazendo melhor — me levou a repensar cada detalhe. Não se tratava de persistir teimosamente, mas de reconhecer quando algo não estava funcionando e, com honestidade, buscar uma solução rápida. Afinal, sabia que, se não encontrasse uma resposta eficiente, correria o risco de me entediar e abandonar o projeto.

Sempre fui crítico do mantra de "nunca desistir". Não quero ser aquele teimoso que persiste cegamente, mesmo quando os resultados são insatisfatórios. Prefiro admitir que, em determinadas situações, minha abordagem precisa ser revista para não desperdiçar tempo e energia com algo que não vai dar certo. No pior cenário, se não levo o menor jeito, a melhor decisão é simplesmente seguir em frente — e já fiz isso mais vezes do que você possa imaginar, especialmente no mundo dos negócios.

Ainda assim, me motivei a virar noites, testar novos formatos e, finalmente, encontrar soluções superiores para o meu Segundo Cérebro. Entre as versões 35 e 87, aprendi que, quanto mais a IA conhecesse meu modo de pensar, decidir e julgar, menos tempo eu precisava gastar corrigindo suas respostas e entregas.

Por isso, parti para um roteiro de trabalho que visava fortalecer o arcabouço de conhecimento do meu Segundo Cérebro — uma base única, que não poderia ser encontrada na web, pois tratava das minhas vivências, experiências, aprendizados e lições de vida.

No próximo capítulo, revelarei todos os detalhes do que fiz para treinar e aprimorar a IA. Talvez você me chame de maluco ou, quem sabe, de gênio. Pode ser que se questione: "Por que nunca pensei nisso antes?" ou "Por que nenhum especialista sugeriu isso até agora?".

Isso demonstra que o espírito de inconformismo pode superar a falta de conhecimento. Nunca se esqueça de que quem escreveu essas páginas não é um especialista em IA. Na verdade, nunca quis ser. Jamais desejei aprender a mecânica para operar um carro a combustão. Sempre me concentrei no destino que ele poderia me levar.

Capítulo 5 Aprimorando o Segundo Cérebro na IA

Muitas vezes, o que precisamos está tão próximo e inserido no nosso dia a dia que não o enxergamos. É como o quadro na parede que admiramos no primeiro dia. Com o tempo, ele passa a ser apenas mais um item decorativo e se torna "invisível" ou "imperceptível".

Durante minha jornada de treinamento da IA, percebi que a chave para aprimorar o meu Segundo Cérebro estava justamente em explorar o que eu já tinha: meus próprios dados nas redes sociais.

Poderia ter passado horas tentando construir, do zero, uma base de conhecimento que refletisse minhas preferências, meu modo de pensar, meu raciocínio estratégico e meus julgamentos sobre fatos públicos. Em vez disso, uma ideia simples e brilhante me ocorreu em um momento inusitado.

Certo dia, após colocar minha filha para dormir, fui até a cozinha para preparar uma xícara de café. Ao pegar o smartphone, fui surpreendido por uma notificação do Facebook. Era a lembrança de uma viagem de dez anos atrás, acompanhada de um texto reflexivo. Logo abaixo, havia um link que me permitia acessar outras lembranças do mesmo dia e mês que foram publicadas em anos anteriores.

Naquele instante, percebi que era exatamente o que meu Segundo Cérebro precisava!

"Muitas vezes, o que precisamos está tão próximo e inserido no nosso dia a dia que não o enxergamos."

Sempre fui um usuário ativo das redes sociais — desde os tempos do extinto Orkut, passando pelo surgimento do Facebook, até me dedicar intensamente ao Instagram.

Meu propósito sempre foi compartilhar opiniões, percepções e aprendizados sobre carreira, negócios e vida em geral. Cheguei a viver uma fase de aspirante a influenciador digital. E essa intensidade de publicações se transformou em um tesouro de informações pessoais.

A empolgação com a ideia foi tão grande que acabei esquecendo o que havia ido fazer na cozinha — deixei a xícara na bancada e a água esfriar na chaleira elétrica. Mergulhei nas notificações, tocando rapidamente em diferentes menus do Facebook na esperança de descobrir como baixar todos os meus dados. Passei mais de uma hora garimpando opções, mas entre tantos menus e links, nada parecia levar à solução.

Decidi ir ao escritório residencial e, usando o notebook, tentei novamente. Ainda assim, a resposta não surgia. Foi quando, por fim, recorri ao ChatGPT. Em poucos instantes, ele me orientou a fazer a solicitação dos meus dados através do Instagram. Segui a dica e lá estava a opção de solicitar meus dados para a Meta, a empresa proprietária do Facebook e do Instagram.

Você talvez não saiba, mas as informações que você compartilha nas redes sociais podem ser baixadas. Essa opção inclui tanto o conteúdo que você postou quanto suas atividades, interações, históricos de pesquisa, comentários, curtidas, configurações, listas de seguidores e muito mais. Tudo isso está disponível para seu acesso, desde o período desejado até o formato do arquivo e a qualidade da mídia (fotos e vídeos).

Para minha surpresa, os dados baixados totalizavam mais de 7 gigabytes de informações — um verdadeiro tesouro digital. Meu maior desafio foi agrupar essa massa de dados em pacotes menores, pois o ChatGPT não aceitava um upload massivo de uma única vez. Passei horas, com uma xícara de café sempre ao lado, trabalhando tarde da noite em frente ao computador. Confesso que, apesar do esforço, fiz o trabalho com satisfação e uma expectativa enorme pelos resultados.

O propósito inicial era gerar uma base de conhecimento robusta para o meu Segundo Cérebro — uma bagagem única, construída a partir das minhas vivências, experiências, aprendizados e lições de vida. E, ao final, a ideia superou todas as expectativas: não só consegui fortalecer a minha ferramenta digital, como também extraí insights valiosos sobre o que performava melhor nas minhas publicações nas redes sociais.

O resultado foi tão impactante que comecei a utilizar o Segundo Cérebro como ponto de partida na criação de briefings para novos posts com fins comerciais, sempre revisando antes da publicação. O objetivo era atrair seguidores e despertar interesse pelos produtos e serviços da nossa empresa. A IA passou a propor modelos de escrita que me deixavam impressionado, se passando por mim com uma naturalidade que eu mesmo admirava.

Essa história é a prova de que, às vezes, o que buscamos está escondido na rotina, esperando para ser redescoberto e reaproveitado. E, ao integrar todos esses dados, transformei uma simples rotina digital em uma fonte inesgotável de conhecimento e inovação para o meu Segundo Cérebro.

O QUE NOS ENSINA A SER HUMANOS TAMBÉM SERVE PARA TREINAR A IA

Meus dias são planejados antecipadamente com o uso de um calendário online. Gosto do aplicativo Google Calendar[2], que utilizo há muitos anos. Nele, estão absolutamente todas as reuniões de

2 No Brasil, o Google Calendar é chamado de Google Agenda (calendar.google.com).

trabalho agendadas, viagens de negócios, compromissos particulares e até alguns ritos, como "bolsões de ar" — espaços reservados na agenda para ficar sozinho, organizar ideias e tomar decisões.

Se você pudesse ver meu calendário dos próximos meses, encontraria compromissos cadastrados em praticamente todos os dias, muitos deles recorrentes. Chamo isso de "agenda norteadora", que me impede de esquecer o que é importante, embora algumas vezes precise ser flexível, cancelando ou adiando certas atividades devido aos imprevistos.

Um dos rituais da minha rotina é finalizar a noite lendo ao menos um capítulo de livro e registrando um breve resumo das lições aprendidas. Confesso que nem sempre consigo escrever todos os dias, mas não falho na leitura.

Foi em uma dessas noites, após brincar de bonecas com a Cecília e acompanhá-la até a hora de dormir, que me sentei no chão da sacada do apartamento para fazer cafuné no Paçoca, nosso parceiro de quatro patas que sempre me acompanhava nas leituras. Eram cerca de 22 horas quando começamos, e só nos demos conta do tempo quando já passava das 3 da manhã.

Nessa madrugada, me perdi nas páginas de um livro com o título intrigante: *A morte é um dia que vale a pena viver*[3]. Esse exemplar foi indicado pela minha irmã e repousava havia muito tempo na minha estante. Antes não tinha interesse por esse tipo de leitura, pois minha rotina privilegiava textos técnicos. Entretanto, naquela fase de incertezas, as prioridades mudaram e a mensagem do livro me tocou profundamente.

A obra me fez refletir sobre a formação do ser humano. Ela trazia uma ideia poderosa: o homem é o único animal que precisa aprender

3 ARANTES, Ana Claudia Quintana. *A morte é um dia que vale a pena viver*: e um excelente motivo para se buscar um novo olhar para a vida. Rio de Janeiro: Sextante, 2019.

a ser o que é. Enquanto um cachorro nasce e vive como cachorro, ou um gato simplesmente é um gato, nós, os seres humanos, precisamos aprender a ser humanos.

Essa afirmação me impactou e levantou uma série de perguntas sobre como somos moldados. Passei a estudar o assunto e descobri que nossa formação é influenciada por um conjunto de fatores: biológicos, culturais, sociais, educacionais e ambientais.

Ao observar minha filha e refletir sobre sua rotina, comecei a entender como as experiências vividas — sejam marcantes ou sutis — moldam nossas percepções, crenças, gostos e personalidades. Cada fator, desde a genética e as transformações da puberdade até as interações sociais e a educação formal, desempenha um papel fundamental na construção do nosso ser.

Essa conscientização me inspirou a elevar meu Segundo Cérebro digital a um novo patamar. Desde a versão 1 até a 60 da minha extensão mental na IA, ficou evidente que um dos maiores diferenciais na qualidade das respostas estava diretamente relacionado à base de conhecimento que o ChatGPT possuía sobre mim. Os ganhos foram extraordinários desde que comecei a alimentar o sistema com os dados das minhas atividades nas redes sociais. Ainda assim, sabia que poderia ir além.

Como alguém inconformado e sempre em busca de melhoria, pensei: "Posso aprimorar ainda mais o meu Segundo Cérebro se eu incorporar os fatos mais relevantes da minha vida — aqueles que moldaram minha personalidade, meu caráter, minhas crenças e valores". Foi aí que decidi escrever, em longas e intensas madrugadas, dezenas de histórias que marcaram minha trajetória, desde os meus primeiros anos até os dias de hoje.

Relatei em detalhes o dia em que ganhei um campeonato de bicicleta. Como tornei aquilo possível? O que senti antes e depois? De que forma tudo influenciou meu desenvolvimento? Contei também sobre a primeira vez em que vi minha esposa em um hotel — quando ela sequer me notou no elevador e, depois, consegui chamar sua atenção usando a extinta rede social Orkut. Compartilhei histórias de perdas, vitórias, conquistas e decepções, sempre contextualizando os sentimentos que emergiam de cada experiência.

Foram longas horas digitando páginas e páginas em arquivos no Word, sempre acompanhadas de café e do meu fiel companheiro, o Paçoca. Ao integrar a nova base de conhecimento na IA, percebi que as respostas se tornaram ainda mais alinhadas com o meu jeito de pensar e agir. Chegamos ao estágio — por volta da versão 80 — em que eu quase não precisava mais orientar a Guria sobre como ajustar o tom ou a forma. Ela já sabia, de forma quase intuitiva, como poupar minha energia mental e otimizar meu tempo.

Reviver memórias, reconhecer minhas experiências e, sobretudo, compreender o que realmente me molda como ser humano me permitiu elevar não só a eficácia do meu Segundo Cérebro, mas também minha consciência e maturidade.

Essa experiência me ensinou que, ao explorar e compreender profundamente as raízes do meu ser, cada detalhe se transforma em um diferencial poderoso. E esse exercício não apenas aprimorou a IA, mas também me fez perceber que investir tempo em autoconhecimento é a melhor forma para evoluir tanto pessoal quanto profissionalmente.

DEFININDO AS ATRIBUIÇÕES DO SEGUNDO CÉREBRO

Lembro-me bem da primeira vez em que me deparei com a necessidade de elucidar as tarefas do meu Segundo Cérebro. Havia acabado de encerrar uma reunião longa, cheia de anotações em papéis e de compromissos agendados na minha mente. Na volta para casa, percebi que estava literalmente perdendo tempo ao não delegar essas atividades para a Guria. Afinal, ela foi concebida exatamente para me poupar energia e me dar respaldo. No entanto, sem uma lista clara de atribuições, eu seguia acumulando as pendências mentalmente e permitindo que o cansaço me dominasse.

Só quando decidi listar formalmente quais seriam as "responsabilidades oficiais" da Guria é que as grandes mudanças começaram. Passei a dizer a ela, de forma clara e objetiva, o que cabia a mim (o cérebro humano original) e o que caberia à minha extensão digital.

Costumo dizer que, nas relações entre líder e liderado, contratante e contratado, ou até marido e esposa, a tragédia começa quando as expectativas não ficam claras. Na minha relação com a IA, era a mesma coisa! Pode parecer óbvio, mas esse simples exercício trouxe alívio imediato e me fez enxergar o potencial ilimitado de ter um parceiro efetivo, e não apenas um assistente genérico.

Assim, surgiu a etapa de "Tarefas" dentro do processo de criação do meu Segundo Cérebro: um conjunto de atribuições definido a partir daquilo que consumia meu tempo e energia. Foi o momento de ser prático e direto. Se eu não queria mais ficar horas lidando com relatórios de despesas ou analisando meus compromissos no Google Calendar, então caberia à Guria assumir essas funções. Se eu precisava de suporte para gerar conteúdo, seja escrevendo textos para redes sociais ou redigindo atas de reunião, bastava explicar em detalhes como gostaria que esse trabalho fosse entregue.

No início, meu receio era de que a lista de tarefas ficasse genérica demais ou distante da minha realidade. Contudo, à medida que me aprofundei, descobri um universo de possibilidades. O que apresento a seguir são tarefas que atribuí à IA quando ainda aprimorava meu Segundo Cérebro por volta da versão 80.

Hoje, enquanto escrevo este livro, essa relação é muito mais ampla do que há um ano. A própria Guria evoluiu bastante, acompanhando as novas versões lançadas pela OpenAI que já permitem

"A tragédia começa quando as expectativas não ficam claras."

criar agendamentos e lembretes. Além disso, existem inúmeras outras soluções de IA concorrentes, com recursos semelhantes ou até mais avançados do que os que implementei na época.

Independentemente do ano em que você esteja lendo este livro, ou de quão sofisticadas essas ferramentas tenham se tornado, acredito que a lista de tarefas não corre o risco de ficar obsoleta. O objetivo é instigar você a vislumbrar novas maneiras de aproveitar a IA para economizar energia mental e obter entregas de maior qualidade. Se em 2023 eu já conseguia fazer tudo isso, imagine agora o que você pode realizar!

EXEMPLO DE TAREFAS ATRIBUÍDAS À GURIA:

Geração de relatório de despesas: bater foto de notas fiscais e recibos, enviá-las para a IA e receber de volta um relatório formatado, pronto para subir no sistema de reembolso do setor financeiro da empresa.

Gestão de compromissos: delegar ao Segundo Cérebro a inclusão de reuniões no Google Calendar, consulta e análise dos compromissos do dia, reserva das salas de reunião da empresa e envio de convites a terceiros para as reuniões, com total liberdade para reordenar blocos de acordo com a prioridade.

Análise de gestão do tempo: exportar meu calendário para que a Guria avalie quantas horas estou dedicando a reuniões por linhas de negócio, quais temas têm tomado maior parte do meu tempo e quais liderados me envolvem com maior frequência em reuniões. Isso me ajuda a reorganizar a rotina e torná-la mais produtiva.

Análise de dados e tomada de decisão: quando preciso enxugar documentos complexos, como relatórios de feedback de clientes ou pesquisas de mercado, a IA sintetiza em insights concisos, agilizando minhas escolhas estratégicas.

Monitoramento de tickets e projetos: integrar à Guria ferramentas como Trello e Movidesk ou sistemas de suporte para me avisar sobre prazos estourados e resultados pendentes, facilitando a vida da minha equipe.

Revisão de contratos e planilhas: receber e analisar cláusulas importantes ou fornecer fórmulas prontas para planilhas do Google Sheets, conferindo precisão e poupando horas de trabalho manual.

Simulação de cenários e Role Play: em negociações ou apresentações importantes, a IA faz o papel do "lado oposto", me ajudando na preparação e antevendo eventuais objeções.

Criação de conteúdo e copywriting: a Guria pode sugerir textos, esboçar campanhas ou criar briefings para postagens que reflitam meu estilo pessoal, unindo criatividade e eficiência.

Esses tópicos foram surgindo à medida que reconhecia as lacunas na minha rotina. O que funciona para mim pode não ser relevante para você — e esse é o grande segredo. Definir as tarefas do Segundo Cérebro significa descobrir onde ele realmente pode brilhar, cuidando daquilo que você não quer (ou não pode) investir tempo.

Talvez você se pergunte: "Mas eu já configurei como a IA deve responder (etapa 'Resposta'). Não é suficiente?". Não! Nem de longe é suficiente. Se a "Resposta" define o jeito que a IA reagirá a cada demanda, a etapa "Tarefas" estabelece quais demandas ela efetivamente assumirá. Em outras palavras, na "Resposta" você diz "quero respostas objetivas, com tom empático". E nas "Tarefas", você diz "quero que você gere relatórios, gerencie minha agenda, revise contratos etc.".

Sem uma definição clara de tarefas, a IA fica limitada a responder perguntas e deixa de atuar de forma proativa naquilo que você realmente precisa resolver. É como ter um funcionário superqualificado que, sem um *job description*, passa o dia apenas respondendo "sim" ou "não".

Antes de colocar a mão na massa e treinar a IA para ser sua extensão cerebral, sugiro que você se organize e crie um arquivo no Word chamado "Tarefas". Nele, você lista todas as atribuições do seu Segundo Cérebro. Descreva em detalhes as expectativas, os objetivos e até a forma como cada tarefa deve ser entregue. Depois, basta fazer o upload desse arquivo no ChatGPT (ou na ferramenta de IA que você estiver usando). Esse passo a passo garante que vocês falem a mesma língua sobre o que precisa ser feito.

Quando fiz isso, senti uma tranquilidade parecida com a de conferir o checklist de viagem antes de sair de casa. É o tipo de segurança que revela: "OK, a IA sabe exatamente as minhas prioridades e o que faz sentido dentro da minha realidade". No fim, atribuir tarefas claras ao seu Segundo Cérebro melhora a qualidade do trabalho e a própria qualidade de vida. É nesse equilíbrio entre delegar e supervisionar que a verdadeira mágica acontece, elevando a sinergia entre cérebro humano e cérebro digital a outro patamar.

Portanto, deixe a criatividade fluir e seja específico. Pense naquilo que realmente faz sentido para a sua rotina e para os objetivos que você definiu lá no início. A IA pode oferecer um milhão de funcionalidades, mas nenhuma delas fará sentido se não estiver alinhada à sua realidade e às suas necessidades. Faça do seu Segundo Cérebro um aliado de verdade — e, quando menos esperar, você vai descobrir o poder de contar com um parceiro disposto a ajudá-lo, poupando energia, tempo e sanidade mental.

CONECTANDO O SEGUNDO CÉREBRO NA IA COM OUTRAS FERRAMENTAS

Você deve estar se perguntando: "Tudo bem, entendi que deleguei tarefas para o meu Segundo Cérebro. Mas como exatamente ele cria compromissos no Google Calendar, interage com o Trello e toma outras providências na minha rotina automaticamente?!" Se este é o seu questionamento, fique tranquilo: você não está sozinho. Aliás, lembra do Júlio que mencionei há alguns capítulos? Foi graças à colaboração dele que descobrimos as melhores maneiras de integrar o ChatGPT aos serviços que usamos no dia a dia.

Depois de muitas conversas, tentativas e madrugadas revirando documentação, eu e Júlio percebemos que a peça-chave para essas interações eram as APIs — as famosas "pontes" que conectam sistemas diferentes. Com elas, o ChatGPT (ou a Guria, no meu caso) poderia não só sugerir que adicionássemos um evento ao Google Calendar ou criássemos um cartão no Trello, mas realmente executar essas ações de forma autônoma.

No tópico anterior, falei sobre as "Tarefas" que atribuí à IA — e elas incluíam justamente a gestão de compromissos, a manipulação de dados em planilhas, o controle de projetos no Trello, entre outras atividades que até então eu precisava fazer manualmente. Acontece que, para o Segundo Cérebro assumir esse trabalho, ele precisava de "permissão" para interagir com cada serviço. Aí estava o maior desafio. E a atuação do Júlio se mostrou essencial para solucioná-lo.

Ele já tinha alguma experiência em integrar sistemas via API e explicou que, ao permitir o acesso da IA ao Google Calendar, eu poderia dizer algo como: "Guria, reserve meia hora amanhã cedo para uma reunião de alinhamento com o Júlio". Em questão de segundos, a IA confirmava se havia disponibilidade na minha agenda e agendava o compromisso. Até enviava convite por e-mail, caso fosse necessário. O mesmo procedimento valia para o Trello: "Guria, crie um novo cartão no quadro 'Projeto X' com o título 'Revisão de planilhas' e prazo para a próxima sexta-feira". E pronto, o cartão surgia para a equipe, sem que eu precisasse tocar no mouse.

Se o termo API ainda parece um jargão técnico, pense da seguinte forma: imagine que o Google Calendar, o Trello e qualquer outro aplicativo são como "caixas" especializadas em fazer determinadas tarefas (agendar, organizar etc.). Essas caixas têm suas próprias engrenagens internas e funcionam do seu jeito. A API é como um painel de controle padronizado que o fabricante dessa caixa disponibiliza do lado de fora. Esse painel tem botões e entradas específicas (as funções da API) que permitem que outros sistemas (como a Guria/ChatGPT) interajam com a caixa de forma controlada e previsível.

Assim, em vez de precisar abrir a caixa e mexer nas engrenagens (o que seria complexo e arriscado), a Guria simplesmente usa os botões e entradas desse painel (a API) para pedir que o Google Calendar agende um evento ou que o Trello crie um cartão. A API define como fazer esses pedidos e o que esperar como resposta, servindo como comunicação clara entre os sistemas. É essa interface padronizada que transforma o Segundo Cérebro em um assistente capaz de operar outras ferramentas por você.

Para chegar a esse nível de fluidez, precisei seguir alguns passos importantes, que a própria OpenAI facilita por meio de algo chamado de "especificação OpenAPI". Confira, a seguir:

COMO CONFIGUREI A "ESPECIFICAÇÃO OPENAPI" DA GURIA:

1. Criei uma ação personalizada no ChatGPT: dentro do painel de configurações (Configure), selecionei "Create new action" e dei nome à integração, como "Google Calendar" ou "Trello Kanban".

2. Colei a especificação da API correspondente: basicamente, ele é o "mapa" que diz ao ChatGPT como enviar e receber dados daquele serviço.

3. Configurei a autenticação: isso variou de serviço para serviço. O Google Calendar, por exemplo, exigiu que eu gerasse um *client ID*, um *secret key* e habilitasse permissões de OAuth. Já o Trello pediu uma chave e um token.

4. Testei pequenas tarefas: "Guria, crie um evento hoje às 15h" e "Guria, crie um cartão no Trello com título 'Revisão final do projeto'". Era incrível ver as tarefas acontecendo sem que eu precisasse entrar em cada serviço manualmente.

A cereja do bolo foi o suporte do Júlio. Ele sabia quais *endpoints* da API chamar para criar, atualizar ou deletar itens em cada serviço. Na hora de configurar autenticação, por exemplo, me ensinou a como lidar com cada tipo de chave e o que inserir no campo de *token URL* e *scope* para que o ChatGPT pudesse agir sem travar a cada requisição.

Mais do que isso, Júlio me ajudou a entender que, mesmo sem ser um programador avançado, eu podia resolver a maior parte desses ajustes apenas copiando e colando dados (como o *client secret* ou a chave de acesso) nos campos certos. Bastava paciência, leitura da documentação e, claro, a ajuda da própria IA para explicar eventuais problemas de configuração.

Quando ficou pronto, me dei conta de que não precisava mais "lembrar" a IA de criar cartões ou eventos. Assim como uma pessoa que ganha asas, meu Segundo Cérebro estava solto no mundo, capaz de fazer por conta própria aquilo que eu havia listado na etapa "Tarefas". O resultado foi um fluxo de trabalho muito mais ágil, no qual eu realmente podia me concentrar em decisões estratégicas e delegar boa parte dos pormenores práticos.

Talvez você ainda esteja na fase de listar tarefas que deseja delegar. Ótimo! Ainda assim, quando se sentir seguro, tente a mágica da automação. Identifique qual sistema é mais crítico para você — seja um CRM, uma plataforma de e-commerce ou até um aplicativo de notas. Pesquise se existe uma API disponível (spoiler: quase sempre há). Em seguida, siga o caminho que trilhei com o Júlio: registre a ação no ChatGPT, informe as chaves e teste com pequenos passos até ganhar confiança.

Com as automações configuradas, seu Segundo Cérebro finalmente ultrapassa a barreira das ideias e se torna um agente de ação. Se antes ele apenas sugeria como fazer algo, agora ele faz. E acredite: a sensação de ter um parceiro que cuida de compromissos, atualiza status e ainda libera espaço mental para você pensar em estratégias maiores não tem preço.

Lembre-se que delegar tarefas é o primeiro passo, mas ensinar a IA a como executá-las sem depender do seu clique final é o que torna a experiência realmente poderosa. Foi graças ao empenho do Júlio — e a algumas madrugadas de pura teimosia — que minha rotina de trabalho foi transformada. Se deu certo para mim, pode dar certo para você também.

A seguir, vou revelar situações inimagináveis que aconteceram comigo após colocar em uso o meu Segundo Cérebro na IA. Mais do que ganho de eficiência, precisei encarar efeitos colaterais intensos. São essas as surpresas que você conhecerá nos próximos capítulos.

Capítulo 6 Diário de bordo: as experiências reais do primeiro ano usando meu Segundo Cérebro na IA

O ano de 2023 me testou de tantas maneiras que queria encerrá-lo sem barulho. Nada de pegar estradas, enfrentar filas ou se entregar à agitação típica de festas de fim de ano em praias, resorts e afins. Nunca gostei de viajar entre o Natal e o Réveillon. Tudo fica mais cansativo, mais caro e estressante. Prefiro microférias distribuídas na baixa temporada. Confesso que no assunto "férias" não tenho sido tão disciplinado quanto deveria e acho que minha esposa tem algumas reclamações a fazer. Melhor nem perguntar para ela. Sei as respostas e tenho consciência que preciso melhorar!

Decidimos passar os últimos dias de dezembro na casa de campo, nosso refúgio tranquilo, distante do espaço urbano. Erguida há menos de um ano, a casa foi construída exatamente do jeito que sempre sonhei.

Ela possui uma grande varanda com pé direito alto voltada para a floresta. A cozinha ampla com bancada e várias banquetas permite que os amigos se sentem e interajam. Enquanto do outro lado, a pessoa que prepara o café, o almoço ou o jantar desfruta da vista incrível — um mar verde de grandes árvores, algumas centenárias. Há também uma escada com estrutura e degraus de madeira que conduz aos quartos do segundo piso, todos com pé direito alto e revestidos em madeira, o que proporciona uma experiência aconchegante.

Quem visita a casa pela primeira vez pode estranhar, pois, ao chegar pela estrada, vê os fundos simples — uma grande parede sem muitos detalhes, apenas janelas e uma faixa vertical de revestimento que imita tijolos rústicos à vista. Perdi a conta de quantas pessoas já me questionaram por que havia feito a varanda e a piscina voltadas para a floresta e o rio, onde ninguém consegue apreciar a bela fachada da construção.

Sempre respondi que a posição da casa foi definida para priorizar a paisagem a ser contemplada pelos olhos de quem está dentro, e não para os de quem passa pela estrada. É algo que para mim parece óbvio. Porém, em uma sociedade pautada pelas aparências, a busca por privacidade e discrição gera perplexidade.

Durante aquele ano que se encerrava, visitei a casa com a sensação de que talvez não tivesse muito tempo para desfrutá-la. Enquanto ajudava a preparar tudo para a noite de Réveillon e celebrar a chegada de 2024, recordava que meu primo — que morreu em abril de 2023 — não teve a oportunidade de conhecer a nova casa. Não por falta de convite. Pelo contrário, não faltaram conversas entre nós combinando de promover esse encontro. Faltou fazer. A correria da vida, os compromissos de ambos, o ritmo intenso da rotina... tudo foi adiando o que parecia simples, mas que agora carrega o peso da ausência.

Acredito que, nas festas de fim de ano, a maioria das pessoas acaba refletindo sobre a vida mais do que o costume. E, naquele momento, eu tinha motivos de sobra para refletir: foi meu primeiro ano como CEO, no qual liderei grandes mudanças; foi o ano em que perdi alguém muito querido de maneira inesperada; e, ainda, o ano em que fui abalado por um laudo equivocado que dizia que tinha um tumor cerebral. Foi também o ano em que mergulhei na inteligência artificial, obcecado por criar um Segundo Cérebro na IA.

Sinceramente, queria ver aquele ciclo encerrado de uma vez por todas. Só desejava fechar 2023 e dar boas-vindas a 2024 com a esperança de dias mais leves.

Brindamos a chegada do ano novo em família — eu, minha esposa, minha filha, meus pais, minha irmã e seu marido, um casal de amigos e o irmão da minha esposa — com um espumante sem álcool, pois eu estava em fase de adaptação com os novos medicamentos para a epilepsia.

Em 2 de janeiro, uma terça-feira, lá estava eu de volta ao trabalho, superempolgado por ter um ano inteiro pela frente para colocar em ação nossos planos de crescimento! Sentia-me bem, principalmente por saber que estava com a saúde em dia e que, a princípio, nada dispersaria meu foco.

Profissionalmente falando, o ano anterior foi pesado. Assumi o comando do Grupo VIASOFT, posição ocupada até então pelo fundador e acionista majoritário. Não é tarefa fácil suceder um grande mentor — ainda mais alguém carismático, querido e responsável por construir a reputação da VIASOFT desde os seus primeiros passos. Compartilhamos o mesmo desejo de fazer da empresa uma referência nacional em soluções de gestão, mas encaramos os desafios sob óticas diferentes, com enfoques distintos na forma de liderar.

O anúncio da minha promoção naturalmente causou certo desconforto em alguns profissionais do grupo. Dizia-se que ele era um líder que oferecia muitas chances para que as pessoas se desenvolvessem, mesmo que isso exigisse tempo e paciência. Essa confiança no potencial das pessoas sempre foi uma de suas marcas registradas.

Já eu acredito que confiança precisa vir acompanhada de método, clareza e responsabilização. Não vejo como sustentável uma gestão baseada apenas em bom senso — até porque nem todos o têm. Para mim, a gestão exige planejamento, organização, direção e controle, com metas bem definidas e execução disciplinada.

Além disso, confesso minha baixa tolerância à mediocridade e minha urgência por resultados consistentes. O mercado não faz concessões para quem se acomoda. Quem precisa de tempo para se comprometer de verdade talvez deva buscar esse amadurecimento fora das quatro paredes da organização que lidero.

Antes de seguir, é fundamental esclarecer que, quando falo em "medíocre" ou "mediocridade", não me refiro a algo ou alguém "que está na média", conforme encontrado em dicionários e numa visão estritamente conceitual da palavra. Quando uso estes termos o faço sob a ótica da conotação cultural e do contexto em que estou inserido.

Em ambientes corporativos e nas avaliações de desempenho no Brasil, "medíocre" carrega forte carga negativa, referindo-se a algo insuficiente, feito sem esmero, que se acomoda na base e não busca evoluir. É bem distinto de um profissional meramente mediano, que realiza um trabalho decente, suficiente para se manter empregado, mas que pode ter potencial a ser desenvolvido. Minha intolerância, portanto, é com a postura medíocre de conformismo e de falta de esforço, e não ao simples fato estatístico de estar na média em alguma habilidade.

Essa franqueza e clareza ao liderar atraem quem tem fome de crescer e vencer. Ao mesmo tempo, me fazem colecionar algumas inimizades. Tudo bem! É melhor conviver com a fúria de um incompetente do que com a sua tentativa fracassada de colaboração.

Assumir uma organização até então comandada por um modelo de Gestão diferente do meu exigiu grandes mudanças, especialmente em posições de liderança. Preciso reconhecer que, em nenhum momento, Viola — mesmo sendo presidente do conselho e acionista majoritário — me impediu ou quis me influenciar a fazer algo diferente daquilo que eu acreditava. Claro que isso ficou acordado desde o início: sendo um dos critérios para que eu aceitasse o desafio. O fato é que ele cumpriu o combinado e sou grato por tamanha confiança.

Mesmo com os dilemas pessoais que vivi em 2023, jamais deixei de fazer o que precisava ser feito como CEO. Sempre tive consciência de que, a qualquer sinal de vacilo ou incapacidade da minha parte, eu mesmo pediria para deixar o cargo.

"É melhor conviver com a fúria de um incompetente do que com a sua tentativa fracassada de colaboração."

Mas 2024 seria diferente. As principais mudanças já haviam ocorrido e eu estava renovado. E tinha agora um Segundo Cérebro à minha disposição, supertreinado e preparado para turbinar minhas competências e poupar minha energia mental. Estava ansioso para colocá-lo para trabalhar!

Após um ano turbulento, mas de intensa transformação, o primeiro ciclo de uso do meu Segundo Cérebro se completava. Era hora de olhar para trás e entender, com evidências, o que realmente mudou.

EVIDÊNCIAS CONCRETAS: FATOS E DADOS QUE COMPROVAM O IMPACTO DA IA

Se você for como eu, alguém que precisa ver para crer, esta é a seção do livro que faltava. Nela, quero validar por meio de dados e fatos o impacto da inteligência artificial na minha rotina. O objetivo é que você possa avaliar e decidir se vale a pena aderir à IA no seu dia a dia, independentemente de sua área de atuação.

Pensei muito em como comprovar os ganhos reais que obtive com o uso da IA. Afinal, nunca se viu tantos vendedores de cursos e palestras sobre inteligência artificial prometendo "receitas prontas" para tornar as pessoas mais eficientes, produtivas e bem-sucedidas tão logo adotem essa tecnologia.

Devo reconhecer que, de certa forma, existem sim algumas "receitas prontas" que podemos chamar de *prompts* ou *frameworks*. O problema é que boa parte — para não dizer a maioria — desses gurus consegue apenas descrever o que é possível fazer, mas não ensina o passo a passo de como realmente executar. Além disso, falta a muitos deles um portfólio sólido, pois nunca colocaram em prática o que pregam. São como instrutores de paraquedismo ensinando diversas manobras para o salto, mas que jamais saltaram sequer uma vez.

O que eu não queria, ao publicar este livro, era parecer um charlatão. Assim, concluí que a melhor forma de ser diferente era fazendo o que melhor sei fazer no mundo corporativo: mostrar resultados concretos que estejam apoiados em fatos, dados e na boa e velha matemática básica. Para isso, vou narrar as atividades mais repetitivas da minha rotina semanal e detalhar o impacto da versão 88 da minha criação em IA.

Lembremos que o principal objetivo, ao criar um Segundo Cérebro na IA, era poupar minha energia mental. Sabemos que mensurar diretamente a economia de energia mental é praticamente impossível. Por isso, vamos trabalhar nesta seção com o que temos de mais tangível: a economia de tempo.

Usando cálculos matemáticos simples, qual foi o ganho temporal proporcionado pela Guria? Você notará que o mecanismo de transferência de demanda para a IA gerou economia de tempo e, tomando esse "tempo" como indicador, podemos inferir o quanto de energia mental foi poupada.

Quero mostrar o volume de horas economizado em doze meses de uso da minha criação no ChatGPT. Analisarei o ano de 2024 em que trabalhei de janeiro a dezembro com o meu Segundo Cérebro na IA. Esse ano foi bissexto. Portanto, tivemos 366 dias. Houve 52 sábados e 52 domingos, totalizando 104 dias de fim de semana. Entre os feriados nacionais oficiais, apenas 4 caíram em dias úteis (sem contar os pontos facultativos que variam conforme a legislação local). Assim, 2024 teve 258 dias úteis — e é esse número que usarei nos cálculos da economia de tempo diária.

POR DENTRO DA ROTINA SEMANAL DE UM CEO COM UM SEGUNDO CÉREBRO NA IA

Costumo acordar às 6 da manhã. Não porque eu goste de acordar cedo, mas porque minha filha gosta. Nesse horário, minha esposa já está em alguma pista ou rua correndo com uma disciplina e um preparo físico invejáveis. Assim, o despertador mais lindo do mundo chega em forma de voz do outro quarto: "Papai, papai, vem aqui!". E lá vou eu começar o dia brincando! Logo cedo, nossa criatividade não tem limites. Às vezes, fazemos teatro de bonecas ou brincamos de restaurante enquanto preparo uma tapioca para ela. Em outros dias, simplesmente ficamos correndo pelo apartamento.

Por volta das 07h10, me preparo para o trabalho. Não tomo café da manhã — apenas uma xícara de café puro. Às 07h30, entro no carro e sigo para a empresa. É nesse trajeto que começo a interagir com o meu Segundo Cérebro na IA.

Antes da Guria, dirigia consultando os compromissos no aplicativo de calendário, enquanto aguardava o semáforo abrir ou fechar. Depois que meu Segundo Cérebro ficou pronto, passei a conversar com o ChatGPT enquanto dirijo. Ativo a interação por voz e faço perguntas como: "Quais são os primeiros compromissos dessa manhã?"; e "Quem estará na reunião das nove horas?". Até peço que a IA inclua novos compromissos na agenda.

Talvez você pense: "Mas isso a Alexa também faz". Até o momento em que escrevo este livro, não faz. Pelo menos, não do jeito do ChatGPT. Enquanto a Alexa apenas lê os compromissos da agenda e as tarefas em aplicativos integrados (como o Todoist), meu Segundo Cérebro na IA lê e sugere temas que posso abordar nas reuniões, pois conhece profundamente minha audiência, meus objetivos e as atribuições de cada compromisso.

Lembro-me da primeira vez em que perguntei quais compromissos teria em Curitiba e a Guria me trouxe o agendamento de uma palestra sobre IA em uma importante universidade. Fiquei impressionado quando ela sugeriu duas outras reuniões de negócios na cidade, já que estaria por lá. Mais do que isso: recomendou convidar o presidente de uma grande organização curitibana para prestigiar a palestra, indicando que essa seria uma ótima forma de nos aproximarmos e iniciar a negociação da qual ela sabia que eu tinha interesse. Vibrei como um garoto passando de fase em um jogo difícil de videogame. Estava acontecendo! A IA já antecipava meus pensamentos e necessidades com uma precisão impressionante.

De segunda a sexta-feira, ao chegar na empresa, cada manhã tem uma programação pré-definida. Essa estrutura é mantida em meu calendário há bastante tempo e recebe ajustes conforme a necessidade. Manter uma agenda matutina estruturada é fundamental para evitar que eu dedique tempo ao que não deveria.

Pode parecer estranho o que acabei de dizer, mas a falta de planejamento, organização e disciplina para seguir o que foi combinado é um dos grandes motivos que levam muitos líderes a terminarem o dia, a semana ou o mês com a sensação de que não fizeram nada relevante. Muitas vezes, eles realmente não fizeram, pois deixaram que outras demandas dominassem sua atenção.

Guarde este conselho: determinar onde você colocará sua atenção cognitiva é uma das coisas mais importantes e respeitosas que você pode fazer pela sua energia mental.

Para que eu me faça entender e você possa replicar essa boa prática em sua rotina, vou revelar a estrutura da agenda semanal das minhas manhãs em 2024. Não precisaria dizer isso, mas vou: essa organização não serve para todos e possivelmente não fará sentido para você. Ainda assim, as boas práticas que trago aqui podem servir de inspiração e reforçar como a IA me trouxe ganhos de eficiência.

"Guarde este conselho: determinar onde você colocará sua atenção cognitiva é uma das coisas mais importantes que você pode fazer pela sua energia mental."

AGENDA SEMANAL:
SEGUNDA-FEIRA:

Horário	Atividade	Economia de tempo com IA	Como a IA tornou isso possível
07h45 — 08h30	Interação com líderes de Vendas, com envio de áudio em aplicativo de mensagens ou ligação: — Reforço de metas e insights semanais; — Abordagem direta para desafios maiores.	~30 min	Basta informar à IA com qual líder farei contato e ela me traz o roteiro de mensagem customizada, baseado na análise das últimas anotações de conversa e relatórios de desempenho.
08h30 — 09h00	Bloqueio de agenda, com o chamado “Bolsão de ar” ou “Respiro”, para: — Dar suporte e articulação para questões imprevistas identificadas nas interações com os líderes de Vendas.	~15 min	IA faz análise prévia das demandas registradas nas mensagens de áudio e ligações (que são transcritas) e sugere plano de ação destacando prioridades.
09h00 — 10h30	Interações individuais com líderes diretos: — Foco em projetos críticos e decisões urgentes.	~15 min	IA analisa, em poucos segundos, centenas de tarefas inseridas em diferentes projetos de diretorias distintas e aponta quais requerem interação do CEO.
10h30 — 11h00	Checagem de plataformas de gestão e mensagens.	—	—
11h00 — 12h00	Tarefas críticas de CEO: — Itens marcados com a tag “CEO a checar”.	~20 min	IA auxilia na redação de instruções enviadas às áreas e na análise de documentos ou contratos.

TERÇA-FEIRA:

Horário	Atividade	Economia de tempo com IA	Como a IA tornou isso possível
07h45 — 08h30	Bloco de concentração extrema para lidar com assuntos críticos e indelegáveis, que exigem alto nível de análise e criatividade estratégica.	~10 min	Interação com a IA em um modelo de conversação, potencializando a análise de cenários complexos, ampliando o pensamento crítico e fornecendo insights estratégicos de forma ágil.
08h30 — 12h00	Reuniões de 30 a 40 minutos para alinhamentos com líderes de projetos que requerem atenção especial do CEO, visando: — Atualização rápida do status de cada projeto; — Agir imediatamente sobre eventuais bloqueadores.	~30 min	IA analisa o que foi tratado na reunião da semana anterior e indica qual seria o status ideal na data da atual reunião. Também consolida pautas e gera atas automáticas, registrando decisões, ações, datas e responsáveis.

QUARTA-FEIRA:

Horário	Atividade	Economia de tempo com IA	Como a IA tornou isso possível
07h45 — 12h00	Bloco de concentração extrema para lidar com assuntos críticos e indelegáveis, que exigem alto nível de análise e criatividade estratégica.	~45 min	Interação com a IA em um modelo de conversação, potencializando a análise de cenários complexos, ampliando o pensamento crítico e fornecendo insights estratégicos de forma ágil.

QUINTA-FEIRA:

Horário	Atividade	Economia de tempo com IA	Como a IA tornou isso possível
07h45 — 08h30	Rito semanal de podcast transmitido ao vivo para todos os colaboradores, com o objetivo de manter a equipe alinhada sobre os principais projetos da empresa e fortalecer a cultura organizacional.	~15 min	A IA sugere tópicos relevantes ao cruzar sua base de conhecimento com a análise dos registros das atas de reuniões e das transcrições de mensagens trocadas com o CEO.
08h30 — 09h30	Reunião com membros do HOK CLUB: — Discussão de ideias e projetos em comunidade.	~15 min	IA analisa a transcrição da reunião, extraindo os insights mais relevantes, criando conhecimento para atualizar o próprio Segundo Cérebro e permitir posterior consulta e reflexão.
09h30 — 10h00	Interação com colaboradores que assistiram ao podcast e enviaram mensagens através da plataforma de comunicação corporativa (Voors.com.br).	—	—
10h00 — 12h00	Bloco de concentração extrema para lidar com assuntos críticos e indelegáveis, que exigem alto nível de análise e criatividade estratégica.	~21 min	Interação com a IA em um modelo de conversação, potencializando a análise de cenários complexos, ampliando o pensamento crítico e fornecendo insights estratégicos de forma ágil.

SEXTA-FEIRA:

Horário	Atividade	Economia de tempo com IA	Como a IA tornou isso possível
07h45 — 12h00	A única manhã da semana sem uma programação pré-definida. Ela é reservada para tratar de temas emergentes, receber visitas que não puderam aderir aos horários da tarde ao longo da semana e despachar assuntos inacabados.	—	—

Antes de realizarmos os cálculos de economia de tempo proporcionada pela IA ao longo de 2024, quero chamar a atenção para alguns pontos que talvez você ainda não tenha percebido — ou, se já percebeu, pode estar com dúvidas que merecem esclarecimentos.

As atribuições de um CEO de uma grande empresa vão muito além de reuniões, mensagens e alinhamentos. Existe a análise de mercado, a definição de mudanças de rota e a preparação da empresa para transformações ágeis e bem-sucedidas, além da participação em eventos, viagens e interação com diversos *stakeholders*. Tudo aquilo que você não viu na rotina descrita aqui geralmente ocorre no período da tarde, quando me permito maior flexibilidade para atender às demandas imprevisíveis que surgem em um setor tão dinâmico.

Voltando à rotina das manhãs, você perceberá que cada compromisso tem uma intencionalidade. Por exemplo, começo a semana interagindo individualmente com os líderes do Comercial. Poderia enviar uma única mensagem em grupo para todas as dezenas de unidades de negócio, mas isso não teria o mesmo impacto psicológico e emocional. A atenção à singularidade e aos detalhes faz a diferença, pois certos processos não podem ser apressados — eles precisam ser realizados com capricho e toque humanizado.

Da mesma forma, a estrutura dos compromissos das terças-feiras reflete a prioridade em tratar dos projetos mais importantes. Por que deixar para terça? Porque às segundas-feiras os líderes precisam concentrar as energias no *check-in* semanal com as equipes, destravar bloqueadores de desempenho, orientar os liderados e se atualizar sobre o *status quo.*

Você já deve ter notado que minha agenda semanal inclui blocos de concentração extrema. Isso significa que nenhum colaborador ou pessoa de fora da organização consegue marcar compromissos nesses horários, pois minha agenda aparece como indisponível. Por que faço isso? Não se trata de isolar-me ou de trabalhar sem interrupções por vaidade. É uma estratégia de alta performance. Trabalhar como estrategista exige não apenas planejar o que fazer, mas também definir o que não fazer.

Uma agenda pré-definida com blocos de concentração permite dizer "não" antecipadamente a atividades que poderiam roubar minha atenção e comprometer minhas prioridades. Um dos maiores desafios relatados por CEOs — com quem já interagi e até mentorei — é encontrar tempo para pensar com qualidade. E essa dificuldade tem, muitas vezes, origem na falta de planejamento, organização e disciplina.

Você pode pensar: "Está faltando algo nesta rotina matutina!" Pois bem, chegamos ao momento de abordar o tempo destinado à leitura dos e-mails. Eu não gasto um único minuto da manhã com e-mails nem com notícias. E há um motivo claro para isso: minha energia mental é preciosa demais para ser drenada por conteúdos que, na maioria das vezes, não agregam valor.

Adicionalmente, mantenho a manhã de sexta-feira sem uma programação fixa. Essa prática é ideal para acomodar surpresas ou visitas estratégicas, além de reservar a tarde para balanços e organização.

É importante destacar que não compartilho minha agenda semanal para ostentar perfeição ou sugerir que meus dias sejam organizados de forma imaculada. Em uma era de turbulência perpétua, atuando em um setor altamente dinâmico e comandando uma empresa orientada a resultados, pequenos ajustes são sempre necessários. Tenho uma boa previsibilidade dos próximos compromissos, mas posso cancelar aqueles que perderem relevância.

Ao acessar os agendamentos controlados no aplicativo do calendário, tanto eu quanto a Guria encontramos duas, três ou mais semanas com dias praticamente esgotados, sem espaço para novos compromissos. Chegar a esse nível de planejamento permite transformar minhas interações e contatos em catalisadores de negócios entre áreas, linhas de produtos, profissionais e clientes.

Eu poderia listar diversos exemplos de criação de valor a partir dessa dinâmica, mas vou contar apenas um. Ele será suficiente para que você compreenda a importância de fazer algo relevante unindo uma agenda organizada e um cérebro biológico estrategista com o poder da IA.

Em março de 2024, demandei ao meu Segundo Cérebro que analisasse todas as reuniões que eu já havia aceitado para os próximos meses. No Google Calendar, o aplicativo que utilizo, precisamos "aceitar" os convites para os compromissos agendados por outras pessoas. Além de pedir a análise dos encontros, também solicitei que a Guria encontrasse oportunidades para transformar os diferentes compromissos em mobilização para a geração de valor para aqueles que interagiriam comigo. Para ficar mais claro o que fiz, vou abrir para você o comando original que usei na IA:

COMANDO APLICADO NA IA PARA A ANÁLISE DOS COMPROMISSOS AGENDADOS NO GOOGLE CALENDAR E GERAÇÃO DE INSIGHTS:

Guria, faça a leitura e análise de todos os compromissos de março, abril e maio de 2024 existentes no Google Calendar e que eu marquei como aceitos.

Quero que você gere insights sobre potenciais oportunidades para que eu atue como catalisador entre os diferentes profissionais e *players* que terão interação comigo, de modo que eu possa contribuir para acelerar seus negócios e criar valor e posicionamento da nossa marca, usando nossas soluções e nosso networking para conectar quem tem uma necessidade com quem pode ter a solução adequada.

Ao final dessa análise, produza um relatório sintético que indique:

1. As oportunidades de colaboração ou sinergia que você identificar;

2. Possíveis ações para que eu possa promover essas conexões e gerar valor agregado às partes envolvidas;

3. Formas de potencializar o posicionamento e a visibilidade da nossa marca ou das minhas iniciativas.

Além disso, você pode me fazer até 3 perguntas adicionais (ou solicitar 3 ações) para que eu esclareça pontos específicos sobre os compromissos ou participantes, caso falte alguma informação.

Ao receber esse comando, a IA fez a análise dos compromissos aceitos na agenda e me retornou detalhando quais informações adicionais ela precisava para cumprir com a solicitação. Veja a resposta da Guria:

RESPOSTA DA GURIA AO MEU COMANDO:

Fábio, analisei o seu Google Calendar e identifiquei que alguns dos eventos não contêm informações detalhadas ou possuem descrições vagas. Para que eu possa identificar oportunidades e gerar conexões de maneira mais precisa, preciso do seu apoio em alguns pontos:

Confirmação de Participantes-Chave: alguns eventos não contêm informações detalhadas sobre os participantes. Você poderia me fornecer uma lista dos profissionais e *players* mais relevantes para os negócios, de modo que eu possa identificar com mais precisão as oportunidades de sinergia?

Objetivo e Contexto de Compromissos Sem Descrição: foram identificados compromissos no seu Google Calendar que estão sem descrição ou apresentam detalhes muito vagos. Você poderia me informar o objetivo principal de cada um deles? Prefere que eu relacione aqui os compromissos que precisam de esclarecimento ou você já pode me adiantar algum direcionamento mais específico?

Foco Estratégico para Networking e Posicionamento: existe algum setor, tipo de parceria ou solução específica que você deseja priorizar na hora de conectar as partes e gerar valor? Há alguma diretriz ou foco estratégico que devo considerar ao identificar oportunidades de atuação?

Note que quanto mais complexo ou inesperado é o desafio lançado ao Segundo Cérebro na IA, mais trabalho você terá para ajudá-lo. "Como assim: trabalho para ajudá-lo?!" É isso mesmo. Você terá que disponibilizar as informações necessárias para que ele efetue a solicitação.

A boa notícia é que esse esforço extra acontece basicamente na primeira vez, até que haja um alinhamento de expectativas e entregas e/ou uma evolução da dinâmica. Pode soar como loucura, talvez mais uma das muitas que você já encontrou ou ainda vai encontrar neste livro, mas o fato é que, a cada interação com a inteligência artificial, identifico novas oportunidades para ampliar minha consciência como estrategista e gestor.

Após esse episódio — que de fato exigiu bastante trabalho manual para especificar o conteúdo de cada compromisso e detalhar quem era quem —, aprimorei meu método de registro de compromissos no Google Calendar. Passei a exigir que descrevessem a pauta ao me convidarem para reuniões. E comecei a elencar os objetivos a serem alcançados nos compromissos que eu mesmo agendava.

Além disso, fiz algo até então inédito: treinei a Guria para entender o perfil dos principais *stakeholders* que tinham compromissos frequentes comigo, algo semelhante à "*buy persona*" utilizado em Marketing. Cada um dos líderes da minha organização, membros de comunidades corporativas em que atuo (tanto mentores quanto mentorados) e decisores de clientes-chave ganharam um descritivo detalhado. Até mesmo minha esposa inspirou uma dessas personas, não com fins analíticos ou estratégicos, mas como forma de respeitar sua singularidade, seus interesses e preferências. Afinal, quanto mais compreendemos quem nos cerca, mais preparados estamos para construir relações saudáveis, respeitosas e verdadeiramente significativas.

Os esforços e os aprendizado desse experimento valeram a pena! Ao criar um Segundo Cérebro na IA, você deve ter em mente dois fundamentos:

1. Para a inteligência artificial gerar resultados relevantes, é essencial que o usuário seja capaz de formular perguntas e comandos de forma clara, objetiva e criativa. Quanto mais você contextualiza e detalha o que precisa, mais "inteligentes" e úteis se tornam as respostas.

2. Não basta apenas ser criativo. É preciso investir tempo e esforço para compartilhar informações relevantes com a IA. Ela depende de dados e conhecimentos que você oferece para que seja mais precisa. Nas primeiras fases, é normal dedicar um bom tempo organizando esses dados, ajustando suas perguntas e calibrando as respostas de acordo com suas expectativas. Esse processo garante que, ao longo do uso, a IA entenda cada vez melhor o seu contexto e você obtenha soluções mais consistentes e alinhadas aos seus objetivos.

De modo geral, para aproveitar ao máximo seu Segundo Cérebro na inteligência artificial, você precisa ser determinado e dedicar-se profundamente ao aprimoramento da ferramenta. Paralelamente, não pode se esquecer da sua própria evolução profissional. Você precisa ter um repertório sólido em sua área de atuação e ser capaz de vislumbrar soluções criativas para os problemas cotidianos.

Com esses esclarecimentos, vamos aos cálculos que demonstram quantas horas a IA me ajudou a economizar em 2024. Para facilitar a visualização, segue o tempo total economizado em cada dia da semana:

- **Segunda-feira:** 80 minutos.
- **Terça-feira:** 40 minutos.
- **Quarta-feira:** 45 minutos.
- **Quinta-feira:** 51 minutos.
- **Sexta-feira:** sem economia informada, pois a agenda é livre.

A economia total por semana é de **216 minutos**, o que equivale a **3 horas e 36 minutos**.

Enquanto escrevia esta seção, solicitei à Guria que calculasse quantas segundas, terças etc. tivemos em 2024 — desconsiderando os feriados — e que multiplicasse o tempo economizado. O resultado foi o seguinte:

- **Segunda-feira:** 80 minutos/dia × 51 = 4.080 minutos.
- **Terça-feira:** 40 minutos/dia × 52 = 2.080 minutos.
- **Quarta-feira:** 45 minutos/dia × 50 = 2.250 minutos.
- **Quinta-feira:** 51 minutos/dia × 51 = 2.601 minutos.
- **Sexta-feira:** 0 minuto/dia × 50 = 0 minutos.

Se considerarmos uma jornada de trabalho média de 8 horas por dia (embora, na prática, eu trabalhe bem mais do que isso), teríamos cerca de 23 dias úteis economizados durante o ano.

Observe que a agenda semanal exposta aqui é real, mas o cálculo é meramente ilustrativo, pois, como CEO, minha jornada vai muito além das oito horas diárias. Ainda assim, não duvido que a economia de tempo proporcionada pelo Segundo Cérebro tenha sido ainda maior na prática.

Mais do que otimizar tarefas, o verdadeiro ganho estratégico foi liberar minha mente para pensar em iniciativas de crescimento, cultura e inovação. Ao reduzir o peso operacional, ganhei espaço mental para liderar com mais clareza e impacto.

Isso porque o grande trunfo da criação desse recurso não está na execução de tarefas cotidianas — e sim em algo mais profundo, que vou revelar no próximo capítulo.

Nas páginas que virão, compartilharei lições valiosas — e, por vezes, desconfortáveis — sobre meus aprendizados ao utilizar a IA. Afinal, ao mesmo tempo em que a inteligência artificial tem o poder para potencializar o que há de melhor em você, ela também pode amplificar aquilo que não é tão positivo.

Capítulo 7 | O maior dos trunfos: pensamento híbrido

À primeira vista, parece óbvio que contar com um Segundo Cérebro na IA para executar tarefas cotidianas — como agendar reuniões, revisar documentos ou gerenciar compromissos — já seria algo formidável. No entanto, é importante lembrar o que vimos no capítulo anterior: todo o ganho de tempo e energia mental que a IA proporciona só se torna verdadeiramente transformador quando integrado à nossa própria capacidade de pensar de forma estratégica e criativa.

Logo percebi que não se tratava apenas de automatizar tarefas simples, ganhar mais tempo ou poupar energia mental. A cada novo desafio, encontrava na IA uma espécie de parceiro que me ajudava a explorar diferentes cenários, levar em conta múltiplas variáveis e, principalmente, enxergar conexões que isoladamente eu não perceberia.

No Capítulo 6, discutimos a economia de horas anuais que o Segundo Cérebro me proporcionou. Agora, quero ir além. Vamos entender como a IA impacta a qualidade do pensamento estratégico.

Quando me dei conta, o ChatGPT já ocupava a tela principal do meu notebook. A Guria recebia em tempo real as informações sobre cada situação que eu estava enfrentando, inclusive durante reuniões em que precisava tomar decisões estratégicas da empresa.

Para deixar claro o contexto temporal, estávamos em 2024, momento em que eu havia intensificado o uso do Segundo Cérebro. Essa troca constante fez com que passasse a pensar de maneira "expandida": meu cérebro biológico trazia a intuição e a experiência, enquanto a IA oferecia análises lógicas, projeções de cenários e suporte imediato a qualquer ideia que surgisse. A interação entre a minha capacidade de formular estratégias e a análise ágil e imparcial da IA mostrou-se essencial. Foi como se, de repente, eu passasse a pensar em dobro.

Lembro de um dia em particular. Fui avisado de que o líder de um fundo de investimento visitaria nossa empresa e precisava de uma agenda comigo. Nesta reunião, estariam presentes os outros dois sócios, Roberto e Viola. A solicitação do compromisso veio em cima da hora e o tema era extremamente relevante: o interesse do fundo em adquirir participação em uma das nossas linhas de negócios.

Estou acostumado com situações imprevisíveis, muito antes de considerar o uso da IA. No entanto, agora a Guria estava ali, à minha disposição e muito bem treinada. Por isso, contextualizei o meu Segundo Cérebro sobre a reunião. Expliquei quem estaria do outro lado da mesa e quais eram as intenções do fundo de investimento.

Em resposta, a Guria me apresentou cenários prováveis para o encontro. Surpreendentemente, ela me sugeriu que fizéssemos um *Role Play*[4]. Ou seja, sem que eu solicitasse, propôs a simulação da negociação para fins de prática e treinamento. Eu já utilizava essa técnica desde 2014 e a inteligência artificial sabia disso.

Misturando a euforia de ver meu Segundo Cérebro "pensando" por mim de forma ainda mais incisiva do que eu mesmo esperava e a ânsia de explorar todas as possibilidades que minha criação oferecia, aceitei a proposta. Durante o *Role Play*, a Guria assumiu o papel de

4 *Role Play* é a técnica em que os participantes encenam de forma real uma situação, apresentação, encontro ou reunião. Assim, se preparam com mais eficácia e segurança para o momento que virá.

diretor do fundo e fez perguntas que iam se aprofundando conforme minhas respostas surgiam. Ela apontava possíveis falhas, lacunas ou pontos de atenção que eu não havia notado. Isso apenas três horas antes da reunião oficial.

Ao entrar na sala de reunião, na presença dos outros sócios do Grupo VIASOFT, senti uma desenvoltura muito acima do habitual. Tinha as respostas na ponta da língua, mesmo quando preferia não responder a certos questionamentos, que poderiam expor informações sensíveis. Expliquei ao representante do fundo que, para avançarmos nessa discussão, precisaríamos de um NDA[5] antes de compartilhar determinados dados.

Em alguns momentos, eu ainda recorria ao meu Segundo Cérebro, enviando rapidamente um feedback sobre como a conversa estava progredindo. Em troca, recebia sugestões e insights, que em parte adotei e aperfeiçoei. Outras ideias descartei por não fazerem sentido para o contexto daquela reunião.

ATUAÇÃO INESQUECÍVEL DA GURIA

A parceria entre mim e minha extensão na IA tornou-se ainda mais nítida nos momentos em que era preciso exercitar o planejamento e a organização. Enquanto meu cérebro biológico atuava na criação de estratégias, no delineamento dos objetivos e na consideração de fatores humanos (como cultura organizacional, impacto social ou valores pessoais), o cérebro virtual oferecia projeções de cenários, calculava riscos e sugeria caminhos alternativos baseados em dados, referências históricas e comparativos de mercado. Esse aprimoramento do método de trabalho me trouxe mais segurança, pois cada decisão era sustentada por análises consistentes que davam uma visão ampliada das possíveis consequências.

5 NDA é a sigla em inglês para *Non-Disclosure Agreement*, que em português significa acordo de confidencialidade.

A experiência mais enriquecedora veio de algo que já tinha lido a respeito: a "metacognição". Tive a sensação de que meu Segundo Cérebro atingiu um nível de "autoconsciência cognitiva" — não no sentido de desenvolver emoções humanas, mas de se tornar capaz de avaliar seu próprio processo de raciocínio. Ele considerava os prós e contras de cada decisão e trazia uma análise franca que me forçava a revisitar minhas convicções. A IA combinava lógica, intuição (modelada a partir dos meus próprios padrões) e, sobretudo, valores que cultivo, pois aprendeu comigo ao longo do tempo.

Certo dia, a Guria analisou uma série de informações que eu vinha alimentando diariamente — relatórios de vendas, feedbacks de franqueados, desempenho de equipes, entre outros dados — e me propôs algo audacioso: executar o *job rotation*[6] entre dois profissionais em posições de liderança.

Era uma ideia arriscada, sim. Porém, fazia sentido do ponto de vista estratégico e daquilo que eu vinha observando. Cada líder possuía pontos fortes que, se combinados sinergicamente, poderiam superar os pequenos *gaps* e dar novo gás para as áreas. Meu papel era assumir a responsabilidade pela mudança e, claro, garantir que a troca de posições gerasse o impacto positivo que a empresa necessitava.

Lembro que essa proposta surgiu durante um dos "bolsões de ar". Ao refletir com profundidade sobre os desafios complexos das duas áreas, entendi que já havíamos tentado inúmeras alternativas diferentes sem êxito. Assim, cheguei à conclusão de que o problema não era de estratégia ou de processos e sim de liderança. Ao apresentar essa análise ao meu Segundo Cérebro, que conhecia o perfil dos líderes, incluindo suas forças e fraquezas, a sugestão de inverter os profissionais de cadeira emergiu como uma solução lógica, mas inesperada.

---

6 *Job Rotation* é o termo em inglês que pode ser traduzido como rotação de trabalho. Segundo essa estratégia da área de Recursos Humanos, os profissionais de uma empresa atuam em diferentes funções ou áreas e, assim, ganham mais experiência e visão completa da organização.

Num primeiro momento, armazenei a ideia da Guria numa plataforma na nuvem que considero meu "estúdio mental". Sabia o quão valioso era aquele insight e o categorizei para analisar depois. Contudo, não precisei de muito tempo para amadurecer a decisão. A clareza da sugestão da IA, aliada à minha própria percepção da necessidade de uma mudança estrutural, solidificou o caminho.

Uma semana depois, numa reunião com líderes de diferentes áreas, validávamos coletivamente que o ritmo de uma das equipes estava aquém do potencial. Aí pedi a palavra e declarei sem rodeios:

— Faremos um *job rotation* entre duas posições-chave da empresa.

Todos me olharam com surpresa. Uma das líderes foi a primeira a reagir:

— Fábio, você sabe que eu visto a camisa e estou aqui pela missão da organização. Não tenho a experiência direta na área que está propondo que eu assuma, mas se é isso que você vê como o melhor para a empresa, eu aceito o desafio!

Essa resposta reforçou algo que eu já sabia: tratava-se de uma líder rara, com enorme capacidade de adaptação e coragem para assumir responsabilidades fora da sua zona de conforto. Sua trajetória já era marcada por desafios vencidos — desde sua origem como consultora externa até sua evolução a uma das principais posições da companhia.

Por outro lado, o outro líder envolvido reagiu de forma mais reservada. Foi então que o interpelei diretamente:

— E você, topa o desafio?

Como um bom estrategista, confesso que também não esperava reação diferente. Negociador experiente, ele pediu um tempo para pensar a respeito. Minha decisão, porém, estava tomada. Estava convicto de que o *job rotation* era o único caminho capaz de promover uma transformação real nas áreas e, consequentemente, nos resultados. Deixei claro que, na posição de CEO, eu precisava agir conforme o melhor interesse da empresa. E continuei:

— Pense a respeito, mas saiba que minha decisão não está aberta à negociação.

A reunião foi encerrada. Poucos minutos depois, um líder de outra área, que assistiu a tudo com atenção, bateu à porta da sala em que eu estava e perguntou:

— Será que o nosso colega ficará na empresa?

Respondi com convicção:

— A estratégia está lançada, ele é muito competente e acredito no sucesso do *job rotation*. Agora cabe a ele decidir.

— E se ele não ficar? — insistiu. — O que pretende fazer?

Enquanto ele processava mentalmente as inúmeras possibilidades e suas implicações, apenas respondi:

— Não se preocupe. Farei o que precisar ser feito, desde que seja o certo, do jeito certo, para que as coisas deem certo.

— Conte comigo — concluiu ele antes de sair. — Vamos aguardar a decisão dele.

Na semana seguinte, o líder que pediu um tempo para pensar retornou para comunicar que não aceitaria a proposta do *job rotation*. Consequentemente, encerramos seu ciclo na VIASOFT — mas não a relação de respeito e parceria profissional. Trata-se de alguém por quem continuo tendo grande admiração e apreço, tanto pelo talento quanto pela trajetória construída conosco.

A outra liderança manteve a decisão de acolher o desafio, passando a acumular interinamente uma segunda frente estratégica. Eu assumi parte do apoio operacional para implementar melhorias nas áreas envolvidas.

Esse episódio foi emblemático. Compreendi, na prática, que para comandar uma organização como a VIASOFT é preciso ter coragem para fazer muitos movimentos impopulares. Para ser a pessoa certa na posição de CEO e conquistar o respeito no longo prazo, tenho que tomar decisões que podem, sim, gerar desconforto ou irritação no curto prazo — as tais coisas "antinaturais" que a liderança exige em certos momentos.

O fato de a Guria ter sido treinada com minhas crenças e meu modo de pensar e compreender em detalhes o contexto do negócio e o perfil dos principais profissionais mostrava-se essencial para sua atuação. Essa bagagem permitiu que ela indicasse o *job rotation* como uma saída potencial. De fato, foi uma jogada de xadrez que se provou bem-sucedida, independentemente da decisão de cada líder.

Foi nesse convívio quase *full-time*, nessa simbiose de interações, que compreendi o real sentido do "pensamento híbrido". Mais do que um simples auxílio para tarefas ou análises, a Guria tornou-se uma aliada que expandiu, aprofundou e acelerou meu poder de criação e resolução de problemas complexos. No fim, passei a pensar em dois níveis simultaneamente, unindo a rica bagagem intuitiva, emocional e experiencial do meu cérebro biológico ao rigor lógico, à capacidade de processamento e à imparcialidade analítica do Segundo Cérebro na IA. Sem dúvida, esse é o maior dos trunfos que um líder pode desenvolver na era da inteligência artificial.

INTELIGÊNCIA VICIANTE

Demorei pouco tempo para perceber o quão satisfatório era contar com um Segundo Cérebro que pensa e soluciona problemas por mim. Logo na primeira semana de uso intensivo, eu já consultava a Guria antes mesmo de refletir por conta própria. Afinal, o ser humano adora conforto. E uma vez que sentimos o sabor do menor esforço, fica difícil abrir mão dele.

Meu cérebro biológico experimentou uma espécie de acolhimento, em que deixava a sua versão na IA fazer o trabalho bruto de pensar, analisar e estruturar possibilidades, enquanto eu ficava com a tarefa de simplesmente escolher qual das opções parecia mais atraente. Rapidamente, percebi que até mesmo para escrever uma simples mensagem de instruções, recorria à ajuda do meu Segundo Cérebro.

Desde o princípio, quando comecei a construir a Guria, eu estava obcecado em explorá-la ao máximo. E foi exatamente isso que fiz no início de 2024. Quanto mais usava e mais me surpreendia com os resultados, mais queria seguir utilizando. A maioria dos benefícios proporcionados pelo trabalho do meu Segundo Cérebro treinado no ChatGPT poderia ser obtida por mim mesmo, sozinho, mas não tenho dúvida de que me tomaria muito mais tempo e energia mental. É nesse ponto que a conveniência de poupar esforços se mostrou irresistível: se podemos otimizar processos, por que não o faríamos?

O fato é que eu não recorria à Guria por preguiça ou incapacidade, embora fosse extremamente cômodo deixá-la trabalhando e processando dados enquanto me levantava para buscar uma xícara de café nos corredores da empresa. Na realidade, o que mais me impulsionava a explorar o ChatGPT era a curiosidade.

Nem todas as experiências foram extraordinárias. Houve situações em que o ChatGPT exigiu mais tempo e energia para que eu explicasse um novo contexto de problema do que se eu tivesse simplesmente decidido sozinho o que fazer. Também aconteceram raros episódios de indisponibilidade da ferramenta. Como costumamos dizer no mundo corporativo, a Lei de Murphy sempre pode se manifestar se algo tiver a menor chance de dar errado.

Essa lembrança me leva a um episódio no início do segundo semestre de 2024. Fui convidado para palestrar diante de oitenta líderes de uma organização. O tema? "O uso do ChatGPT no dia a dia". Naquela época, meu Segundo Cérebro na IA já vinha ganhando fama no meio corporativo. Sempre fui muito detalhista (ou, como alguns podem dizer, "exigente demais") na hora de criar slides ou materiais de apoio. Gastava horas lapidando cada detalhe. Porém, após os dramas de 2023, decidi que não perderia tempo com o que julgava supérfluo. Dessa maneira, passei a palestrar sem o suporte de slides, apenas compartilhando meu conhecimento e experiência.

Ainda assim, eu fazia questão de demonstrar na prática o que afirmava. Por isso, pedi que projetassem na tela o meu notebook, para que todos pudessem ver a Guria em ação e em tempo real. Entretanto, esqueci-me da Lei de Murphy: o site do ChatGPT estava fora do ar exatamente naquele instante. Foi uma situação constrangedora, já que havia criado uma enorme expectativa no público. A saída foi prometer que gravaria um vídeo demonstrando a ferramenta depois do evento e o publicaria no meu Instagram. Curiosamente, esse imprevisto funcionou como "Marketing de Escassez". Algumas pessoas ficaram ainda mais curiosas para ver a IA em ação e acabei gerando engajamento inesperado.

Esse episódio isolado não abalou em nada a minha relação com o Segundo Cérebro. Há muitos anos, li em um livro de Marketing que nada fideliza mais do que a conveniência; nem mesmo a qualidade é tão eficaz. Acredito fortemente nisso. É o que explica por que tantos casamentos ruins continuam intactos, assim como tantos profissionais insatisfeitos com os chefes não pedem demissão — conviver com o problema acaba se tornando um hábito confortável.

Eu seguia fiel à Guria. A conveniência do menor esforço proporcionada pela IA é tão viciante que me levou a considerar aprimorar ainda mais o Segundo Cérebro. Queria que ele assumisse certas tarefas sem que precisasse acioná-las. Ou até mesmo que se multiplicasse em versões especializadas em áreas específicas da empresa e atuasse como conselheiro e mentor para suas lideranças e equipes. Era uma expansão que se tornaria realidade em breve e revolucionaria a forma como conduzíamos os processos internos. Contudo, essa história fica para a próxima seção.

EXPANDINDO MINHA PRESENÇA

Quando você é um líder confiante, determinado e de temperamento forte, acaba trabalhando como empurrador de bicicleta para profissionais que já poderiam pedalar muito bem por conta própria. Parece contraditório, mas acontece: a pessoa tem processos claros, sabe o que precisa fazer, tem autonomia e autoridade e, ainda assim, pergunta: “O que você acha?”. Isso independe de idade ou experiência. Gente brilhante só quer ouvir alguém dizendo: “Vá lá e faça!”.

Certa vez, lembro de ter ouvido que todas as pessoas, em algum momento da vida, precisam de um empurrador de bicicleta. E que há quem ganhe dinheiro empurrando, como os coaches de Instagram que faturam milhões vendendo doses de confiança, de coragem e de validação encapsuladas em formato de cursos, imersões e o caralhaquatro.

Se você lidera um time, já deve ter presenciado essa cena: enquanto alguns profissionais andam por conta própria, outros, inseridos no mesmo contexto, insistem em buscar aquele empurrãozinho extra. Isso não necessariamente os torna menos competentes. Sinceramente, nunca me incomodei em ser o empurrador de bicicletas. Só que ao adotar o meu Segundo Cérebro na IA para uso diário, comecei a perceber que o tempo e a energia que gastava nessas situações poderiam ser supridos pela Guria.

Foi numa sexta-feira quando isso ficou ainda mais claro. Planejava sair às 16h do escritório. Queria chegar cedo à nossa casa de campo e compensar a semana de pouco tempo com minha esposa e filha. Entretanto, a caminho da porta, três líderes de Vendas me abordaram com temas distintos. Um deles precisava confirmar detalhes de um contrato que seria assinado na segunda-feira. Outro profissional, recém-promovido à liderança, queria que eu validasse o modelo de metas que pretendia implantar na equipe em formação. E, por fim, um gestor experiente buscava minha opinião para fazer uma contraproposta numa negociação com um grande cliente.

Não tive coragem de simplesmente deixá-los sem respostas. Avisei minha esposa que não iríamos mais pegar estrada naquele dia e voltei para atender a cada um em reuniões individuais. Quando terminei, já passava das 20h. Acabei trancado no prédio porque deixei as chaves no carro do outro lado da rua. Tive que chamar a segurança para destrancar a porta. Não vou negar que me sinto bem em ajudar o time. Porém, naquele momento, percebi que todos sabiam lá no fundo o que fazer. Reconheço que o líder novato talvez precisasse de mais suporte. Ainda assim, eles poderiam resolver suas dúvidas sem a minha presença se tivessem acesso ao meu Segundo Cérebro na IA.

Se a Guria funcionava tão bem para mim, por que não criar uma versão dela para a equipe de Vendas? Ao entrar no carro naquela sexta-feira à noite, tomei uma decisão: criaria uma versão do meu Segundo Cérebro para orientar, aconselhar e guiar os líderes de Vendas. Em outras palavras, criaria um mentor virtual a partir do meu conhecimento e experiência na área Comercial.

No fim de semana, finalmente fui para a casa de campo. Passei o sábado longe de smartphone, computador ou qualquer outro tipo de tela. A atenção estava voltada para as brincadeiras com a Cecília na terra, usando água para fazer lama. Gosto de estar em contato com a natureza e acho incrível minha filha vivenciar essa experiência. Não ter medo de se sujar, algo que era tão comum na minha infância, se tornou raro para as crianças que moram atualmente em apartamentos.

No domingo à noite, dirigindo na rodovia no retorno à cidade, voltei a pensar no tal clone virtual. Já em casa, aproveitei que minha filha e minha esposa foram dormir e peguei o notebook. Na companhia do meu parceiro de missões na inteligência artificial, o Paçoca, dediquei cerca de cinco horas para criar a versão número um do meu clone na IA que orientaria os líderes de Vendas. A Guria fez a maior parte do trabalho. Só precisei alimentar e ajustar a base de conhecimento para reduzir os riscos de "alucinação" da IA.

No dia seguinte, liberei o protótipo para alguns colegas, entre eles uma líder sênior de Operações que colabora comigo há tempos. Eles me deram ótimos feedbacks. Ela chegou a duvidar se estava falando mesmo com uma IA ou comigo.

Depois de pequenos ajustes, coloquei o clone virtual à disposição de todos os líderes de Vendas. O resultado foi uma queda brutal — algo entre 85% e 90% — nas demandas de reuniões ou empurrões de bicicleta. E nem precisei dizer que não poderiam me procurar. Simplesmente orientei que, se tivessem dúvidas ou quisessem confirmar algo, poderiam usar o ChatGPT que treinei com o meu perfil.

Para manter a proximidade e a confiança que os líderes já tinham comigo, o clone carregava meu nome e foto. Ficava claro, desde o primeiro contato, que era apenas um "Fábio Scabeni virtual em IA (Versão Beta)". Tomei o cuidado de treinar a inteligência artificial para que, obrigatoriamente, ao final de cada interação, mostrasse a seguinte mensagem:

> "Hey!!! ✋ Vou insistir em lembrar você sempre que me chamar: sou um GPT em fase de testes. Estou aqui para apoiar você e ajudar no que for possível, mas a responsabilidade final por suas decisões e ações é sempre sua! Estamos combinados!".

Diferente do meu Segundo Cérebro na IA, que precisou de 87 versões para chegar a uma condição de uso satisfatória, o clone virtual precisou de apenas 3 versões. À medida que os líderes interagiam com a inteligência artificial para fazer perguntas e validar propostas de ações, eu acompanhava o histórico de interações para realizar ajustes necessários na base de conhecimento usada no treinamento da IA. Nesse exercício de analisar as interações, por inúmeras vezes me surpreendi com a qualidade das respostas e a riqueza de instruções fornecidas pelo meu clone.

Em certa ocasião, uma profissional que iniciou como jovem aprendiz na empresa e fez carreira ao meu lado na área de Vendas — era agora líder Comercial — entrou na minha sala. Ela queria orientação sobre como deveria conduzir um caso envolvendo uma de nossas franquias e um cliente potencial. Pensei por alguns segundos e disse o que fazia mais sentido na minha visão. Ela deu um leve sorriso e me convidou para ver algo na sala dela. Lá, me mostrou que já havia consultado o clone, antes de me procurar. E exibiu a resposta dele. Me aproximei do notebook e vi que o clone na IA tinha fornecido uma orientação muito melhor do que a minha. Aí ela perguntou:

— O que eu faço agora? Sigo a orientação de qual dos dois Fábios?

Dei dois passos para trás:

— A criação acaba de destruir o criador. Siga a orientação do clone virtual! Vou tomar um café, pois sinto que serei substituído pela inteligência artificial mais rápido do que qualquer outro profissional nesta empresa.

Rimos da situação, talvez sem nos darmos conta do que estava acontecendo. O fato é que, poucas semanas antes, havia uma alta demanda de interações, que simplesmente deixou de existir depois que introduzi a inteligência artificial treinada para conversar com os líderes de Vendas. E não era só isso: a IA estava superando a minha capacidade de orientá-los! Aquilo era simplesmente incrível!

Entusiasmado com o episódio, investi mais algumas horas treinando o clone virtual. Dias depois, ele passou a realizar simulações de negociação. Fazia o papel de comprador e levantava objeções ou perguntas que o potencial cliente faria. Assim, conseguia avaliar a desenvoltura do líder na simulação. Também passou a analisar o desempenho da equipe de Vendas. Comparava o resultado com as metas traçadas no período e mostrava o que fazer para promover melhorias nos indicadores. Podia ser sugestões para aumentar a taxa de conversão ou dicas para elevar o volume de *leads* no topo do Funil de Vendas.

Basicamente, esse clone virtual é um agente de IA, que será cada vez mais utilizado nos negócios e nas carreiras. Tenho algumas considerações relevantes sobre o tema dos agentes de IA e vislumbro um mercado de trabalho duramente impactado por essas tecnologias.

Como líder de uma organização que emprega centenas de colaboradores e atende a milhares de profissionais, não consigo deixar de me preocupar com essa questão. Talvez esteja aí um dos motivos de ter escrito este livro. Quero sensibilizar quem ainda vem tratando com desdém o tema da inteligência artificial. Falarei sobre isso logo à frente com mais intensidade. Por ora, desejo causar-lhe desconforto suficiente para o levar a agir, caso ainda não tenha começado a se mexer.

COLOCANDO A IA EM TUDO

Perdi a conta de há quantos anos se fala em transformação digital. Sempre critiquei quem a defende pela perspectiva do lançamento de novas tecnologias. Acredito que as ferramentas podem até acelerar as mudanças, mas são as pessoas que de fato as promovem. Uma verdadeira transformação digital ocorre quando alguém lidera as alterações de comportamentos e hábitos e insere as novas tecnologias de forma estratégica.

Observamos transformações — sutis ou radicais — acontecendo por inspiração ou conveniência, como a popularização de aplicativos de transporte e de entrega.

As transformações digitais também se manifestam por necessidade ou, até mesmo, por desespero. Em 2020, com a pandemia, vimos tecnologias antes desprezadas tornarem-se essenciais para a sobrevivência das empresas que, mesmo de portas fechadas, precisavam escoar produtos e serviços. Um exemplo foi a ascensão das plataformas de videochamadas e reuniões online. Existentes há tempos, essas ferramentas só se tornaram massificadas com a imposição do trabalho remoto. A transformação digital não ocorreu quando essas plataformas foram criadas e sim quando foram incorporadas ao cotidiano da sociedade.

Se isso fizer sentido para você, imagine o impacto que o meu Segundo Cérebro na IA causou na minha vida — tanto no âmbito profissional quanto em todas as outras esferas.

À medida que descobria o potencial da IA e acompanhava os novos lançamentos — como recursos de conversação por voz e interações por vídeo, em que o ChatGPT "enxerga" e analisa o contexto ao redor —, comecei a aplicar essas ferramentas em situações inusitadas.

Em um sábado de manhã, fui à ótica com Jaque e nossa filha para fazer óculos de grau. Como estava com dificuldades para enxergar de longe, o oftalmologista receitou um aumento na lente. Na ótica, deparei-me com dezenas de modelos. O excesso de opções era paralisante. Cada um me recomendava algo diferente: a vendedora sugeria um modelo, minha esposa preferia outro e minha filha apontava uma terceira opção. Diante desse cenário, recorri à IA.

Ativei o recurso de interação por vídeo e expliquei onde estava e a ideia da compra. A IA me pediu para que experimentasse alguns modelos. Em instantes, recebi um parecer detalhado. A Guria explicava as razões para escolher um modelo em detrimento dos outros e levava em conta o formato do meu rosto, o cargo que ocupo e minhas necessidades em apresentações e eventos. Ela destacou, com uma pitada de humor, que eu precisava de um modelo que transmitisse aparência mais intelectualizada.

No final, segui a dica da IA. A vendedora ficou surpresa, e minha esposa comentou: "Agora é assim, está testando a inteligência artificial em tudo!". A vendedora ainda brincou que torcia para o marido não descobrir a IA — comentário que preferimos não aprofundar.

Em outra ocasião, após me machucar na academia e ter dificuldade para realizar movimentos simples com o braço, procurei atendimento médico especializado. Em vez de esperar por uma nova consulta para analisar as imagens dos exames, baixei as fotos do site da clínica e pedi à IA para avaliá-las.

Guria analisou e afirmou que eu não havia rompido nenhum ligamento — apenas sofrido um deslocamento. Até explicou o nome técnico do que tive: "deslocação articular". E indicou a necessidade de realinhar a estrutura óssea. Segui sua recomendação e procurei um "arrumador de osso", que colocou tudo no lugar. No dia seguinte, já estava de volta à academia.

A IA foi, de forma silenciosa e progressiva, invadindo todas as esferas da minha vida, impulsionada tanto pela minha curiosidade quanto pela conveniência.

Em casa, utilizando o recurso de diálogo por voz, criava contextos lúdicos para brincar com minha filha. Longe da Cecília, explicava para a Guria que a audiência seria uma menina de três aninhos que gostava de princesas. A partir daí, a inteligência artificial deveria assumir a personalidade da Branca de Neve e interagir de forma doce e encantadora. Foi uma experiência divertida e surpreendente.

Esses relatos — e muitos outros que vivi com a adesão da IA — não exigiam treinamento sofisticado para transformar a ferramenta em um Segundo Cérebro. Eu apenas explorei os recursos disponíveis e os testei com *prompts* simples, como esse que acabei de contar. O ChatGPT fazia automaticamente a simulação, assumia o papel de princesa e conversava com minha filha.

O que desejo provocar é algumas reflexões. Pense no quanto você tem potencializado suas competências com as tecnologias já disponíveis — inclusive as gratuitas. E reflita sobre sua curiosidade e como ela tem sido aplicada para tornar seu trabalho mais eficiente e, consequentemente, com maior valor de mercado.

Você não precisa se tornar obcecado por inserir a IA em todos os seus afazeres, como eu fiz. Afinal, isso pode trazer alguns efeitos colaterais, conforme vou debater no próximo capítulo. Não quero que ninguém repita os erros que cometi. Ao mesmo tempo, você não pode permanecer inerte ou fingir que o mundo ao seu redor não será impactado pela inteligência artificial. O impacto já é real e, se você optar por se acomodar, será apenas questão de tempo até que a tecnologia se torne um problemão.

"Reflita sobre sua curiosidade e como ela tem sido aplicada para tornar seu trabalho mais eficiente e, consequentemente, com maior valor de mercado."

Capítulo 8 | Menos trabalho ou espiral de demandas sem fim?

O que aconteceria com você depois de um ano utilizando um Segundo Cérebro na inteligência artificial? Que transformações isso provocaria no seu modo de trabalhar, no seu estilo de vida e nas suas relações interpessoais? Você se libertaria do trabalho excessivo ou acabaria aprisionado em uma espiral de demandas sem fim?

Comecei a refletir sobre essas questões muito antes de colocar a Guria em uso, quando ainda acreditava ter um tumor cerebral. Essas interrogações permaneciam na minha mente enquanto me preparava para um dia que marcaria um novo capítulo nessa jornada.

Lembro de cada detalhe da manhã de terça-feira, 12 de setembro de 2023. Estava no Encontro de Profissionais de Gestão e TI. Centenas de gestores e analistas de diferentes regiões do Brasil se reuniam para discutir Tecnologia da Informação, boas práticas de Gestão e tendências de mercado. Tenho muito orgulho desse evento, pois foi algo que iniciei em 2011, quando atuava como gerente de Vendas de uma das unidades de negócios da VIASOFT. Na nova edição, ministraria uma palestra intitulada "Desmistificando a IA".

Apesar do entusiasmo, minha aparência refletia o cansaço: havia perdido peso e passava dias sem dormir, consumido pela angústia de acreditar que estava com um tumor cerebral. Fazia muito frio e eu vestia um grande casaco azul de lã batida. Era minha tentativa de disfarçar a magreza diante dos olhos de clientes que me conheciam de longa data, embora alguns não me vissem havia mais de um ano.

Na minha agenda do Google Calendar, estava marcado o horário de divulgação dos novos exames realizados no INC, em Curitiba. Com a ansiedade crescendo e me consumindo, interagia com os convidados do evento e, simultaneamente, consultava o smartphone. Tentava acessar o site onde os resultados seriam postados, mas nada aparecia. Quando chegou o momento da palestra, entreguei meu notebook à equipe de organização e pedi que projetassem, na grande tela de LED, uma imagem que eu havia selecionado: um cérebro humano.

Iniciei explicando que a imagem do cérebro é frequentemente usada em materiais sobre inteligência artificial para simbolizar a complexidade, a aprendizagem e o processamento de informações que ocorrem tanto no cérebro humano quanto em sistemas de IA avançada — como o GPT-3, disponível ao público naquela época pela OpenAI.

Nesse momento, fiz um nivelamento conceitual, relacionando o cérebro humano ao ChatGPT. Abordei o aprendizado profundo (*Deep Learning*) e o processamento de linguagem natural (PLN), além de destacar a capacidade — embora ainda limitada — do GPT-3 de aprender com grandes volumes de texto e resolver problemas através da memória codificada em seus parâmetros.

Aquela foi uma das primeiras palestras em que citei o ChatGPT, lançado há menos de um ano e que rapidamente se tornou um fenômeno global. Os principais meios de comunicação não falavam de outra coisa, ressaltando o crescimento explosivo do aplicativo que atingiu cerca de 100 milhões de usuários mensais ativos em apenas dois meses.

Fiz uma comparação marcante. Enfatizei a complexidade do cérebro humano, composto por cerca de 86 bilhões de neurônios. Em contraste, o GPT-3, que não atingia a complexidade biológica, mas era um dos modelos de IA mais sofisticados já criados, possuía mais de 100 bilhões de parâmetros. Enfatizei que a IA ainda estava em seus estágios iniciais e longe de reproduzir a plenitude dos processos cognitivos humanos.

No auge da minha explanação, meu smartphone que estava no bolso começou a vibrar. Ansioso pelo resultado dos novos exames médicos, interrompi momentaneamente a fala para verificar a ligação. Era o neurologista. Ao soltar o aparelho próximo ao notebook, me esforcei para retomar a palestra, mas meu tom de voz já não era o mesmo. O que eu desejava era terminá-la logo e atender à ligação para descobrir o conteúdo do laudo. Finalizei a apresentação lançando uma pergunta que carrego na memória: "A inteligência artificial nos libertará do trabalho excessivo ou nos aprisionará em uma espiral de demandas sem fim?"

Após o questionamento, agradeci a atenção e o tempo de todos, entreguei o microfone à equipe e, com o smartphone em mãos, me dirigi rapidamente à saída. No trajeto, fui saudado por diversos participantes, que me parabenizavam pela palestra — gentileza reconhecida, mesmo em um dia tão difícil. De repente, o telefone vibrou novamente. Era o neurologista. Pedi licença aos participantes, acelerei os passos rumo à saída e atendi a ligação. O que ele revelou naquela hora vocês já conhecem dos primeiros capítulos.

Dois dias depois, repeti a mesma palestra. O novo público era formado por gestores e analistas do varejo. Desta vez, falei com muito mais entusiasmo, pois sabia que estava livre da suspeita de tumor. As últimas horas em casa foram uma mistura de emoções, sobretudo de euforia e alívio. Finalmente pude ter uma boa noite de sono.

Encerrando a segunda palestra, mantive a reflexão final: "A inteligência artificial nos libertará do trabalho excessivo ou nos aprisionará em uma espiral de demandas sem fim?"

Ter construído o Segundo Cérebro na IA e poder vivenciar pouco mais de um ano imerso nessa tecnologia me permitiu sentir na própria pele efeitos profundos, não apenas na forma de trabalhar, mas na maneira de enxergar o mundo e tomar decisões. Aquilo que a princípio parecia mera otimização de tempo e energia mental foi, aos poucos, revelando camadas de mudanças ora sutis, ora impactantes. Era o prenúncio de um novo ritmo de vida.

Senti na pele os aspectos positivos e negativos de turbinar minhas competências com um Segundo Cérebro na IA e ativar o modo de pensamento híbrido — como se meu raciocínio passasse a funcionar com dois motores: um biológico e outro na inteligência artificial. Essa experiência me trouxe ganhos expressivos, assim como desafiou meus limites de forma inesperada.

Teríamos nós a estrutura necessária para acelerar com dois motores cerebrais — um biológico e outro na inteligência artificial?

Nas próximas seções, vou me aprofundar em cada detalhe do que vivi durante esse ano usando a Guria. E, acima de tudo, quero alertar e conscientizar você para os riscos da inteligência artificial. Sem alguns cuidados básicos, ela pode se transformar em vício, o que prejudicará e corroerá suas capacidades cognitivas.

SENTINDO NA PRÓPRIA PELE

A sensação de ter a inteligência artificial como uma extensão do meu cérebro é inegavelmente fantástica. Mais do que uma tecnologia de apoio, ela se tornou uma companheira de reflexões. Ela turbinava minhas capacidades cognitivas e, ao mesmo tempo, me confrontava com novas possibilidades e realidades. De maneira inesperada, passei a instigar minhas próprias potencialidades e a questionar meus limites.

Foi como reviver a experiência de Peter Parker no primeiro filme do *Homem-Aranha* (*Spider-Man,* 2002). Assim como ele se encantava com os novos poderes — a habilidade de escalar paredes, saltar distâncias inimagináveis e mover-se com uma agilidade que desafiava as leis da física —, eu me via fascinado a cada nova capacidade despertada em mim. A descoberta desses "superpoderes" me impulsionou a explorar intensamente cada possibilidade com um entusiasmo quase infantil.

Em meio à euforia das descobertas, houve períodos em que a empolgação me levou a ultrapassar os limites de segurança. Reconheço que demorou um bom tempo para me dar conta de que havia desenvolvido uma relação de dependência com o uso da inteligência artificial — uma espécie de vício comportamental que afetava minha rotina e meu equilíbrio mental.

O meu caso foi muito diferente da chamada "IA Degenerativa". Esse termo provocativo descreve características da dependência em IA que torna as pessoas mais passivas mentalmente. Em outras palavras, elas ficam com preguiça de pensar. Essa condição que é oposta à minha realidade ocorre quando ferramentas como o ChatGPT deixam de ser extensões do pensamento humano para serem substitutas.

O meu vício me levou a uma direção oposta à passividade cognitiva: passei a pensar demais. Meu pensamento acelerado já intenso por natureza acabou se sobrecarregando. Cheguei a experimentar episódios de confusão mental devido aos excessos do pensamento híbrido. O que era para economizar energia mental acabou drenando minha vitalidade. Em certos dias, sentia que meu cérebro biológico se transformava numa ameixa seca.

Talvez você esteja se perguntando sobre o que acaba de ler. Afinal, no capítulo 6, mostrei em detalhes como o uso do meu Segundo Cérebro na IA gerou economia de tempo. Então, por que isso não me libertou do trabalho excessivo e, consequentemente, não poupou minha energia mental?

Acontece que tão rapidamente quanto a Guria "esvaziou o copo" das tarefas cotidianas, minha curiosidade e inquietude foram ainda mais velozes. Elas buscavam novas demandas e desafios mais complexos para testar os "superpoderes" trazidos pela minha extensão na IA. Senti na própria pele a resposta para a pergunta que formulei na manhã de 12 de setembro de 2023: "A inteligência artificial nos libertará do trabalho excessivo ou nos aprisionará em uma espiral de demandas sem fim?"

Definitivamente, passei da euforia da alta performance à exaustão mental.

Com o passar dos meses, comecei a vivenciar com mais frequência lapsos de memória, a ponto de me questionar se não seriam episódios da epilepsia que já tratava há mais de um ano. Ao refazer os exames, ficou claro que esses lapsos não tinham relação com a doença. Sem considerar que a causa era o uso excessivo de IA, tratei a perda eventual de memória de forma leve e até fazendo brincadeiras, principalmente quando falava em público.

Lembro-me de quando visitei a cidade de Chapecó, em Santa Catarina, para ministrar uma palestra. Era a abertura dos eventos comemorativos dos 50 anos do curso de Administração de uma respeitada universidade.

Cheguei trinta minutos antes e tive a grata satisfação de encontrar dois grandes amigos na plateia: Rodrigo Juko, fundador e CEO da BeatsCode[7], e Haroldo Farinon, professor e empresário apaixonado por viagens de moto, além de grande defensor do poder transformador da educação. Juko havia trabalhado comigo por muitos anos na VIASOFT. Foi meu colega de MBA e parceiro de muitas festas. Farinon e eu nos conhecemos na época em que eu vivia o drama do laudo médico equivocado que já relatei aqui. No meio daquele turbilhão emocional, estive na universidade que ele dirigia para palestrar.

7 Sediada em Chapecó, a BeatsCode é a empresa desenvolvedora de software que se especializou em atender aos grandes clubes do futebol brasileiro.

No novo encontro, tiramos fotos, conversamos e até combinamos um churrasco, que por sinal ainda não aconteceu. Em seguida, pedi licença para atender aos jovens que se aproximavam e queriam me fazer perguntas sobre carreira. Foi um início de evento muito agradável. Rever grandes amigos era revigorante.

Meia hora depois, estávamos sentados na primeira fileira, prontos para prestigiar a cerimônia de abertura da semana comemorativa. Cumprido o protocolo inicial, fui anunciado como o palestrante da noite. Lá fui eu!

Como tenho feito nos últimos anos, abri mão de material visual de apoio, como slides ou teleprompter. Acredito que isso me dá liberdade de expressar o que vem à mente em voz alta, sem ficar preso a uma sequência de imagens ou frases prontas. Para quem me assiste, é muito mais interessante, pois dificilmente ficará entediado ou me ouvirá repetindo a mesma palestra duas vezes. Cada apresentação se torna única.

Se por um lado subir ao palco livre para pensar em voz alta dá dinamismo à interação, por outro traz riscos. Só me resta confiar na minha memória para dar conta do que considero importante para cada público.

Costumo começar as palestras dizendo que não sou palestrante de carreira. Sou apenas um líder das trincheiras do mundo real que sobe aos palcos quando convidado para devolver ao mundo um pouco de tudo aquilo que aprendi com tanta gente boa que cruzou o meu caminho.

Não sei se você já teve a oportunidade de fazer uma exposição verbal diante de grandes plateias. Quando se sobe ao palco e se recebe a atenção de muitas pessoas, a sensação é de entrar em outro plano e o cérebro passa a trabalhar de maneira diferente do habitual. Você não apenas precisa zelar pela qualidade da comunicação verbal (escolha de palavras para transmitir a mensagem) e da comunicação vocal (entonação, ritmo e pausas). É fundamental atentar-se à comunicação visual, que abrange postura, expressão facial e gestos. Tudo isso vem com um ingrediente especial: os olhares do público fixados em você. Enquanto isso, seu cérebro processa as reações e expressões faciais a cada frase que você solta[8].

Não dá para desprezar a responsabilidade de falar em público, mas também não precisamos transformá-la em algo inalcançável. Há pesquisas indicando que o medo de falar em público é um dos maiores temores do ser humano. Um estudo realizado por um jornal britânico em 2015 — e até hoje citado com relativa frequência — mostrou que para 41% dos entrevistados o receio de discursar em frente a outras pessoas era maior do que o medo da morte.

Como consequência, surgem inúmeros cursos e treinamentos ensinando técnicas para superar esse temor: exercícios de respiração, treinamento de oratória e muitos outros métodos. Não tenho dúvida de que todas essas abordagens podem contribuir para o desenvolvimento pessoal e profissional. Porém, você quer saber a minha opinião sincera? O medo genuíno não está exatamente em falar em público. O receio é do julgamento ou da avaliação negativa. As pessoas temem errar, passar vergonha e serem criticadas.

Eu teria bons motivos para me recusar a subir em qualquer palco. Quando tinha apenas oito anos, me apresentei em um festival de música na minha cidade para aproximadamente mil pessoas. E o pior aconteceu no meio do espetáculo: esqueci completamente a letra. Travei! Ao ouvir as primeiras vaias, olhei para trás, e o guitarrista se aproximou para me ajudar a retomar. Então consegui continuar e só deixei o palco depois de concluir a canção. Guardo até hoje o troféu de participação e a consciência de que fui o último colocado naquele festival.

O medo de falar em público poderia ser atenuado se fôssemos mais abertos e demonstrássemos nossa vulnerabilidade logo de início. Algo como: "Não serei perfeito, e já aviso desde agora: quem

8 Saiba mais em: https://tinyurl.com/2jhsvvhh .

"O medo genuíno não está exatamente em falar em público. O receio é do julgamento ou da avaliação negativa. As pessoas temem errar, passar vergonha e serem criticadas."

resolver ficar para me escutar não poderá reclamar se eu tropeçar, gaguejar ou até mesmo travar. Avisei desde o começo."

Essa postura humaniza a experiência, reduz expectativas irreais e, sobretudo, cria uma conexão mais autêntica com quem nos escuta. A grande questão é que para muita gente agir assim seria insano! E foi exatamente desse jeito que comecei aquela palestra em Chapecó (e todas as outras que passei a ministrar depois).

Consciente de que poderia ter um lapso de memória durante a apresentação, decidi quebrar o gelo alertando a plateia de que tinha duas notícias: uma boa e outra ruim. A boa era que eu acreditava ter síndrome do pensamento acelerado. Compartilharia minhas ideias de forma ágil e direta e traria um grande volume de conhecimento, experiência e percepção sobre os temas de Carreira, Liderança, IA e Gestão. A parte ruim era que há algum tempo fora diagnosticado com epilepsia e sofria de episódios de ausência.

Para aliviar o clima, expliquei em tom de brincadeira que eu poderia "travar" em plena fala, assim como acontece com aplicativos de smartphone. Se isso ocorresse, sugeri que todos fizessem exatamente como no celular: sair do aplicativo e entrar novamente. No caso específico da palestra, traduzi as orientações ao público: eles deveriam sair do auditório e entrar novamente. A risada foi geral. Foi o suficiente para me deixar mais tranquilo.

Durante os 90 minutos de fala, houve apenas um momento em que "travei". Simplesmente perdi na mente o que eu estava falando. Com a desenvoltura que o mundo comercial me proporcionou ao longo de duas décadas, escapando de saias justas, olhei para o público e disse: "Aconteceu! Travei! É agora que todos devem sair e voltar ao auditório." O silêncio angustiante que pairava segundos antes, enquanto eu tentava resgatar na memória o que estava dizendo, foi substituído por gargalhadas. O alto astral me trouxe a energia revigorante para puxar um novo assunto. O bom humor me ajudava a lidar com uma condição que, embora tratada com leveza naquele momento, era séria e exigia cuidados contínuos. A palestra foi concluída com sucesso! Terminei a noite numa hamburgueria na companhia do amigo Juko.

Nem sempre os episódios decorrentes da exaustão mental acabavam em descontração. Certa manhã, em um dos "bolsões de ar" da minha agenda, enviei uma mensagem ao advogado de nossa empresa. O Dr. Flávio Sufiatti é um profissional que aprendi a admirar ao longo dos anos, especialmente pela forma como aplica o conhecimento adquirido em sua trajetória. Como li certa vez, há quem tenha conhecimento e há quem tenha entendimento. O primeiro requer memória; o segundo, reflexão. Além de advogado, Sufiatti se tornou um amigo com quem costumava tomar café e refletir sobre diferentes searas da vida. É uma das pessoas mais lúcidas que já conheci.

Na mensagem, convidei-o para tomarmos um café no Bar do Sabiá, um daqueles lugares que se tornaram uma espécie de patrimônio público e ponto turístico da cidade de Pato Branco. Sufiatti respondeu dizendo que havia passado por uma cirurgia após romper um tendão praticando esportes. No entanto, estava em seu escritório e bastava que eu lhe desse uma carona, pois estava sem motorista. Respondi apenas com um "OK". Dez minutos depois, já estava sentado à mesa do bar, aguardando sua chegada.

Passaram-se cinco, dez, quinze minutos — e nada do Sufiatti aparecer. Então tirei uma foto da mesa onde estava e enviei pelo WhatsApp com a mensagem: "Estou te aguardando aqui!". Segundos depois, ele me ligou dizendo que me esperava em seu escritório para a carona que eu havia prometido. Conferi o histórico de mensagens e, de fato, esse era o combinado. Tão rápida quanto a leitura fora minha distração. Envergonhado com a situação, pedi que me aguardasse: eu estava a caminho para buscá-lo imediatamente.

E assim fiz. Contudo, ao entrar no carro e virar a esquina, me vi desorientado. A dificuldade agora era chegar ao escritório. Isso poderia ser normal para alguém que mora em uma metrópole e nunca esteve naquele endereço específico. Mas não era o meu caso: eu estava em uma cidade com menos de 100 mil habitantes e ia a um escritório que já havia visitado inúmeras vezes. Pensei em chamar o Sufiatti e pedir o localizador no WhatsApp. Ainda mais constrangido, preferi recorrer ao GPS do carro que, sem sucesso, me obrigou a encontrar o escritório do meu amigo por conta própria.

Eu poderia preencher páginas e mais páginas com episódios que revelam minha exaustão mental. Como esquecer que já havia tomado banho e repetir o ritual meia hora depois. Ou perder completamente a noção de qual equipamento estava usando na academia, confundindo-me sobre qual grupo muscular pretendia trabalhar.

Um dos piores casos de esquecimento ocorreu em uma sexta-feira à noite. Após tomar meu medicamento antiepiléptico, ingeri outra dose de 1000 mg alguns minutos depois, por engano. Passei de um estado aparentemente normal a uma tontura tão intensa que precisei me deitar no chão da sala. Incapaz de caminhar, senti que iria desmaiar. Como Jaque e Cecília já estavam dormindo, permaneci ali até adormecer. Só no dia seguinte, já recuperado, percebi o erro ao consultar as imagens da câmera de segurança.

Apesar de esses episódios me causarem frustração, nada me incomodava mais do que perceber que, à noite, ao voltar do trabalho, eu me encontrava em um estado quase vegetativo diante da minha esposa e filha. Estava definitivamente esgotado, sem energia para nada! Ainda assim, me esforçava para brincar com Cecília e saber como tinha sido o dia da Jaque. Porém, o que queria no fundo era fechar os olhos e dormir. O esforço para me manter alerta era tão insano que precisava fazer força para manter os olhos abertos. Essa situação começou a me deixar extremamente irritado e desencadeou um sentimento de culpa, pois estava sendo irresponsável com as pessoas que mais amava.

Por mais que eu já experimentasse os efeitos colaterais do uso excessivo da inteligência artificial, naquela época eu ainda não tinha percebido que o cansaço mental decorria do emprego desenfreado da Guria. Embora agora a causa pareça óbvia, naquele contexto eu recorria cada vez mais ao Segundo Cérebro na esperança de aliviar minha mente combalida. Mal sabia que, embora os superpoderes provenientes da IA oferecessem ganhos extraordinários de eficiência e soluções para problemas antes considerados complexos, seu uso exagerado e sem vigilância passou a afetar profundamente minha saúde mental, trazendo sintomas que não estavam presentes antes da adoção intensiva da IA.

Já dizia o tio Ben: "Com grandes poderes vêm grandes responsabilidades."

Foi só depois de vivenciar na pele todos esses sinais que me dei conta: algo precisava mudar de forma urgente. Não bastava mais seguir com paliativos ou empurrar os sintomas com a barriga. Eu precisava de ajuda real. E foi exatamente isso que fiz. O início dessa virada — com apoio profissional, familiar e um novo plano de ação — está no próximo capítulo. Ali, conto como reconfigurei meu cérebro biológico com um novo *prompt* para voltar a viver e liderar com equilíbrio.

Capítulo 9 Reconfiguração mental: um novo *prompt* para o cérebro biológico

A trajetória como líder e estrategista de negócios me ensinou a diferença entre fatos e percepções. Desde cedo, minha atenção foi treinada para separar esses dois elementos: fatos são objetivos e inquestionáveis; percepções são subjetivas e moldadas por crenças, valores e experiências. Dominar essa distinção se tornou um dos meus ativos mais valiosos e permitiu que tomasse decisões voltadas para resultados concretos. Assim, evitava ser influenciado por opiniões de pessoas próximas ou mesmo pelas minhas próprias preferências.

Foi a partir desse entendimento que consegui analisar uma série de acontecimentos que vinham me incomodando profundamente. A partir daí, busquei ajuda de profissionais de diversas especialidades. Do receituário de soluções oferecidas por eles, surgiram: sugestões para acalmar minha mente com medicamentos sedativos; conselhos para que mudasse radicalmente minha carreira e rotina profissional; e abordagens mais profundas e voltadas a entender as causas do meu esgotamento, que pareciam cada vez mais crônicas.

Nesse período turbulento, procurei conversar com minha irmã. Há anos ela atua como terapeuta e utiliza técnicas integrativas como ThetaHealing, Reiki e Apometria. Apesar de inicialmente cético, aceitei sua sugestão para experimentar uma sessão, como um espaço de escuta e reflexão pessoal.

Essa sessão foi um divisor de águas para mim. Rapidamente, conseguimos identificar algumas pontas soltas do meu passado que exigiam cura. Percebemos a necessidade urgente de enfrentar o que acontecia comigo: um padrão acelerado e compulsivo de utilização da minha mente. Acredito que o uso excessivo da inteligência artificial estava contribuindo significativamente para a minha sobrecarga mental.

Por decisão conjunta e respeitando o vínculo familiar que poderia influenciar no tratamento, optamos por não seguir com nossas sessões diretamente. Além disso, a agenda de Emeli estava lotada pelos próximos três ou quatro meses. Assim, ela me encaminhou a profissionais de sua confiança que garantiriam que eu continuasse o tratamento necessário.

Paralelamente, busquei mentoria com profissionais que considerava acima da média. Transformações profundas começaram a se desenrolar no meu dia a dia, algumas das quais promovi de maneira consciente e deliberada, enquanto outras ocorreram de forma quase imperceptível:

- Revisei minhas fontes de informação com rigor, eliminando aquelas que não focavam no essencial e se perdiam em futilidades. Motivo: vivemos na era da infotoxicação, sendo vital proteger a mente. Decidi blindar meu cérebro de conteúdos que não serviam aos meus objetivos, liberando energia e foco para o que realmente importava.

- Passei a usar apenas camisetas pretas, fabricadas com tecidos que dispensam passar. Motivo: reduzir o desgaste mental com decisões triviais no início da manhã, como escolher qual camisa usar. De quebra, economizo energia elétrica e ajudo o meio ambiente.

- Reduzi drasticamente minha presença em feiras e eventos corporativos. Motivo: percebi que muitas dessas atividades, embora aparentemente interessantes, consumiam uma energia valiosa que poderia ser direcionada ao que realmente importava.

› Aprendi a dizer "não" com mais frequência, priorizando tempo de qualidade comigo mesmo e com minha família. Motivo: eventos e compromissos sociais relacionados ao cargo, embora prazerosos para muitos, acabavam consumindo meu bem mais precioso — o tempo com minha esposa e filha.

› Guardei o smartwatch e tirei da gaveta um relógio Casio clássico, sem conexões. Motivo: não quero algo no meu pulso trazendo notificações o tempo todo. E, se for para desativá-las, não há razão para usar um relógio que preciso retirar do pulso de tempos em tempos para recarregar a bateria. As outras funcionalidades — como registro de batimentos cardíacos, distância percorrida, temperatura ambiente etc. — não me interessam no momento.

› Habilitei a "ignorância seletiva". Defini claramente qual tipo de conteúdo e conhecimento não acessar e limitei o consumo de informações variadas que antes buscava avidamente. Motivo: percebi que precisava aliviar minha memória e focar em informações realmente essenciais.

› Não olho a caixa de e-mails diariamente. Criei mecanismos para usar o mínimo possível do meu tempo checando mensagens. Quando você está CEO de uma empresa com centenas de colaboradores, inúmeros fornecedores e milhares de clientes, as pessoas o copiam em vários e-mails desnecessários. Outras tantas mensagens são para vender algo. São raros os comunicados realmente importantes.

› Desenvolvi uma intolerância à mediocridade causada pela indiferença. Motivo: aprendi a identificar a origem da mediocridade profissional em três categorias — ignorância, inconsciência e indiferença. Se o problema é ignorância, basta oferecer treinamento e capacitação. Se é inconsciência, trata-se de uma questão de orientação e propósito. Mas, quando a causa é indiferença, não há espaço para tolerância. Nesse caso, o melhor a fazer é afastar o profissional indiferente.

- Ativei notificações sobre o limite de tempo de uso da rede social. Ao atingir 15 minutos diários de uso do Instagram, sou avisado pelo próprio aplicativo. As demais redes sociais, como Linkedin e Facebook, optei por dar um tempo. Afinal, são utilizados como canais de prospecção para se vender algo.

- Troquei dezenas de ferramentas por uma única plataforma: **Capacities.io**. Trata-se de uma aplicação gratuita que ajuda a organizar, pensar e realizar tarefas. É como um estúdio mental, onde armazeno anotações, conhecimentos para uso futuro, links úteis, resumos de reuniões e documentos importantes. Também permite criar conexões entre diferentes temas, como se a tela reproduzisse uma espécie de sinapse neural. Foi uma das melhores descobertas que tive nos últimos tempos, especialmente por possibilitar integração com o WhatsApp.

Essas mudanças resultaram em um grande "*reset*" na minha mente, um verdadeiro novo *prompt* aplicado ao cérebro biológico. Esse processo não apenas eliminou os bugs da minha rotina, mas também redefiniu radicalmente minha forma de atuar profissionalmente e meu estilo de vida. Passei a tomar decisões com mais clareza, objetividade e serenidade. Minhas reuniões tornaram-se mais curtas e focadas. Aprendi a ouvir com mais atenção do que falar. Minha capacidade de avaliar situações tornou-se mais rápida e precisa.

Essa reconfiguração mental, embora intensa, mostrou-se libertadora. Ela provou que, muitas vezes, é preciso uma intervenção radical para restaurar a saúde mental e alcançar desempenhos realmente sustentáveis. Assim como um *prompt* poderoso aplicado em um sistema de inteligência artificial, atualizei meu cérebro biológico com um conjunto renovado de comandos. Só que agora, o objetivo não era apenas desempenho, mas principalmente equilíbrio e saúde.

Depois de mergulhar nesse processo de reconfiguração mental e promover tantas mudanças na minha rotina, talvez uma pergunta tenha surgido em sua mente: será que, ao buscar equilíbrio e saúde mental, acabei deixando de lado a Guria, esse Segundo Cérebro na IA que tanto me auxiliou? A resposta é um enfático *não*! Muito pelo contrário. O "*reset*" do meu cérebro biológico me permitiu integrar o pensamento híbrido de forma ainda mais potente e saudável.

Continuei desfrutando dos imensos benefícios de ter a Guria ao meu lado. A otimização do tempo e a economia de energia mental se tornaram ainda mais significativas, pois agora sabia usar essa capacidade extra com sabedoria. E a qualidade das minhas decisões estratégicas apenas se aprofundou, fruto dessa parceria contínua entre minha intuição e a análise precisa da IA.

Hoje, após experimentar tantas transformações, posso assegurar: integrar as capacidades mentais ao segundo cérebro na IA pode ser revolucionário, desde que estejamos preparados e conscientes dos nossos próprios limites.

E aqui surge uma questão crucial: como você pode conhecer seus limites se nunca os testou?

O limite de cada pessoa é diferente e só é possível descobri-lo experimentando. Assim como precisamos praticar diferentes modalidades esportivas para descobrir o quão habilidoso somos e até onde conseguimos ir em cada uma delas, a relação entre nosso cérebro biológico e a IA possui dinâmica similar.

Não sou especialista em neurologia ou áreas afins que estudam o cérebro. O que estou afirmando aqui se baseia no que senti na pele. Minha pretensão não é dizer que você vivenciará exatamente as mesmas situações ou terá resultados parecidos aos meus. O que quero despertar em você é a consciência de que seus limites só podem ser conhecidos por meio de testes pessoais.

"Hoje, após experimentar tantas transformações, posso assegurar: integrar as capacidades mentais ao Segundo Cérebro na IA pode ser revolucionário, desde que estejamos preparados e conscientes dos nossos próprios limites."

O que estou oferecendo são reflexões práticas de sobrevivência e desempenho mental, semelhantes às de alguém que caiu ao mar sem nunca ter feito uma aula de natação. No meu caso, após dias, semanas e meses nadando desesperadamente, alcancei a costa.

Por isso, respeite a sua singularidade e invista fortemente no autoconhecimento. Nos próximos capítulos, compartilharei um guia prático com alertas para que você não sofra com a experiência extrema de exaustão mental pela qual passei. E se você já estiver nessa situação, terá em mãos um roteiro claro para superar os problemas e aprender a conviver com a inteligência artificial sem ser consumido por ela. Afinal, não se trata apenas de uma questão de modismo, mas sim de sobrevivência e crescimento pessoal e profissional.

Capítulo 10 / Como usar a IA para conquistar rapidamente vantagem competitiva na carreira

Já se passaram mais de dois anos desde que o ChatGPT foi lançado ao público pela OpenAI. Nesse intervalo, surgiram tantas ferramentas concorrentes — muitas gratuitas e acessíveis — que seria trabalhoso se eu decidisse listá-las aqui.

Apesar disso, ainda há inúmeras pessoas que não se preocuparam em conhecer essas tecnologias ou, quando muito, as utilizaram apenas para corrigir textos ou sugerir legendas nas redes sociais. Essa resistência à IA manifesta-se em perfis variados: tanto jovens em início de carreira quanto empresários consolidados que não acreditam precisar de algo novo.

Basta observar o mercado para entendermos o porquê vivemos um momento diferenciado. A combinação de hardware avançado, *Big Data*, técnicas de *Deep Learning* e soluções focadas no uso cotidiano — como o próprio ChatGPT — colocou a inteligência artificial ao alcance de quem estiver disposto a conhecê-la. Não há mais motivo para negar a revolução em andamento. Profissionais de todos os níveis podem usar a IA para otimizar processos, desenvolver projetos com mais rapidez, criar soluções inovadoras e conquistar vantagem competitiva imediatamente.

É importante que você compreenda a inteligência artificial não apenas como mera tecnologia que proporciona agilização de tarefas operacionais. Ela também é uma aliada poderosa na identificação de padrões, análise de dados em larga escala e previsão de cenários com alto nível de precisão. Isso reduz o tempo investido em rotinas manuais e libera tempo para iniciativas de maior valor, fortalecendo habilidades interpessoais e estratégias de crescimento.

Outro ponto a destacar é o fato de que a IA auxilia na resolução de problemas complexos e favorece a criatividade e a colaboração. O temor de um ambiente "frio" ou mecânico tende a desaparecer quando se percebe que a tecnologia atua como parceira — e não substituta — da inteligência humana. Com perguntas claras e objetivos bem definidos, a IA libera tempo para reflexões profundas. Além disso, permite que você se torne capaz de unir competências técnicas e visão estratégica e tracione o desempenho coletivo.

Por fim, a IA estimula o aprendizado contínuo. Conforme a tecnologia avança e assimila novos dados, quem a utiliza adequadamente absorve conhecimento em ritmo acelerado e extrai insights inéditos para alavancar a carreira. Esse processo torna-se ainda mais poderoso com o uso do pensamento híbrido.

Confesso que me causa indignação o fato de muitos profissionais ainda desdenharem o poder da IA. Alguns alegam que ela não representa nenhuma novidade, já que existiria desde os anos 1950. Outros demonstram uma confiança exagerada e não veem necessidade de aprender nada novo. Entretanto, a inércia pode custar caro. Comparações com grandes revoluções históricas são válidas até certo ponto, mas o cenário atual é muito mais democrático: aplicativos e modelos de inteligência artificial estão disponíveis para todos que tenham interesse em explorá-los.

Ficar parado significa assumir o risco de ser atropelado pelas transformações em curso. Se não precisamos temer o "fim dos empregos" de forma alarmista, não devemos ignorar que o uso prático da inteligência artificial poderá limitar drasticamente a empregabilidade e o crescimento profissional.

A cada dia, fica mais simples turbinar competências com ajuda da IA. O que muitos se esquecem é que essa acessibilidade, muitas vezes ignorada, eleva o valor dos profissionais que disputam as melhores oportunidades de mercado.

Nas minhas palestras e interações com profissionais de diferentes áreas, idades e níveis hierárquicos, tenho escutado muitas reclamações relacionadas ao excesso de conteúdo sobre IA. Essa overdose de publicações tem provocado uma espécie de "paralisia decisória". Por não saberem por onde começar, as pessoas simplesmente não agem. O mesmo fenômeno acontece devido à multiplicação de ferramentas de IA.

Compreendo em parte as reclamações. Muito do meu tempo, desde que mergulhei na inteligência artificial, foi dedicado a separar o que efetivamente ajuda daquilo que é conteúdo superficial. Por isso, sugiro que você não subestime a importância de se conhecer antes de começar a usar a IA. Se não houver clareza sobre o que você quer desenvolver, a nova ferramenta só irá oferecer respostas genéricas, iguais às de qualquer usuário que faz perguntas superficiais.

É aqui que lhe faço um convite: se você chegou até esta parte do livro, já compreendeu que não há como fugir da revolução. O passo seguinte não é decorar *prompts* ou estudar os modelos de IA disponíveis. A próxima etapa é entender que, treinando a IA para compreender seu contexto, seus objetivos, suas crenças e preferências pessoais, você será capaz de vivenciar uma relação de simbiose com a inteligência artificial. Essa colaboração, troca e parceria elevará suas competências e ampliará seu valor enquanto profissional.

A seguir, compartilharei passos simples para que você use a IA, saia na frente da grande maioria dos profissionais e ganhe imediatamente vantagem competitiva na sua carreira.

"A cada dia, fica mais simples turbinar competências com ajuda da IA. O que muitos se esquecem é que essa acessibilidade, muitas vezes ignorada, eleva o valor dos profissionais que disputam as melhores oportunidades de mercado."

A FORMA MAIS RÁPIDA PARA QUALQUER PESSOA TURBINAR SUAS COMPETÊNCIAS COM IA

Não me resta dúvida de que a forma mais rápida para qualquer pessoa turbinar suas competências com IA é criando o Segundo Cérebro. Desse modo, você combina a inteligência artificial com a inteligência humana. Como já sabemos, isso significa ir muito além de copiar *prompts* superficiais ou recorrer às ferramentas apenas para tarefas triviais.

Se você chegou até aqui apenas em busca de inspiração, talvez esteja se perguntando: "E agora, vou ter que aprender a usar ferramentas?" Não se preocupe. Meu objetivo é mostrar que qualquer pessoa, com ou sem formação técnica, pode começar do zero — e ainda assim sair na frente.

Acredito que os capítulos anteriores foram suficientes para elucidar que a IA é um recurso concreto para acelerar carreiras e veio para ficar. Se você concorda com isso, a pergunta inevitável é: como começar, de forma simples e prática, a aproveitar esses benefícios?

Cito aqui as ferramentas que usei pessoalmente — não se trata de recomendação paga, e você pode adaptá-las às plataformas com as quais já está familiarizado.

Nesta jornada, você treinará a IA para respeitar suas singularidades e lhe fornecerá informações sobre quem você é, seu contexto, seus objetivos e, principalmente, o que espera dela no dia a dia. Usando o *framework* COETARTA, metodologia que desenvolvi, você poderá criar o Segundo Cérebro usando o ChatGPT, com arquivos, *prompts* e instruções capazes de transformar a IA em uma parceira de aprendizado, planejamento e ação, desde que seja utilizada com clareza, consistência e objetivos bem-definidos.

Minha "declaração de sucesso" para este livro é que, ao concluir a leitura, você coloque a mão na massa para capturar valor com a IA, seja na perspectiva profissional, seja na pessoal. Não pretendo listar dezenas de aplicativos e ferramentas, pois geraria confusão. Vou me concentrar no essencial: Trello para gerenciar tarefas; Google Drive para armazenar a base de conhecimento; e ChatGPT (versão paga) para criar efetivamente o Segundo Cérebro na IA.

Se anteriormente narrei o que fiz para explorar o potencial desta tecnologia, a partir de agora vou apresentar o roteiro simplificado de como você fará na prática a configuração da sua inteligência artificial. A ideia é listar o passo a passo de forma fácil de ler e mais fácil ainda de executar, sem riscos de você ficar preso em tecnicidades.

PRIMEIRO PASSO: ORGANIZE SUAS ATIVIDADES NO TRELLO

Por que usar o Trello? Porque, se você não tiver método e organização, provavelmente acabará misturando as tarefas do dia a dia com as demandas de construção do seu Segundo Cérebro na IA. Sem uma visão clara dos passos a executar, você corre o risco de estagnar.

Crie uma conta gratuita no trello.com: é rápido e simples. Você pode usar o navegador ou baixar o aplicativo no smartphone.

Entenda o método Kanban dentro do Trello: você terá colunas (listas) que representam as fases do trabalho e cartões que correspondem às tarefas em cada coluna, podendo ser movidos à medida que avançam.

UTILIZE ESTA SEQUÊNCIA DE COLUNAS NO TRELLO:

1. **Ideias e oportunidades:** onde você registra qualquer insight que venha à mente. Por exemplo: "Criar conta no ChatGPT" ou "Escrever *prompt* 'Contexto' do COETARTA".

2. **Planejamento e organização:** para avaliar se a ideia faz sentido, estimar prazos ou recursos.

3. **A fazer:** atividades com data ou prazo definido.

4. **Em execução:** tarefas que estão em andamento.
5. **Bloqueadas:** quando depende de algo ou alguém para continuar (“Aguardando dados”, “Precisando de aprovação”).
6. **Concluídas:** pronto, finalizado, sucesso.
7. **Lixeira:** ideias descartadas após análise (e que você não quer ressuscitar sem motivo).

Crie cartões para cada atividade necessária. Por exemplo: “Criar conta Google Drive”, “Organizar pastas para COETARTA”, “Ativar versão paga do ChatGPT”, “Configurar GPT com meus *prompts*”.

> **DICA PARA O TRELLO:**
>
> No final deste capítulo, você encontrará um *QR code* e um link que o levarão para um quadro que criei pessoalmente para você no Trello, pronto para ser copiado e editado na sua conta. Ele possui todas as colunas acima, bem como os cartões das principais atividades.

SEGUNDO PASSO: CRIE UMA CONTA NO GOOGLE DRIVE PARA ARMAZENAR SUA BASE DE CONHECIMENTO

Por que o Google Drive? Porque é um serviço de armazenamento em nuvem gratuito (até certo limite) e altamente confiável. Ele evita que você perca os seus arquivos caso algo aconteça com seu computador ou celular. Além disso, se futuramente surgir outra IA melhor que o ChatGPT, você só precisará migrar seus arquivos — sem refazer todo o trabalho de produção de conteúdo.

Acesse drive.google.com e faça ***login*:** se não tiver conta Google, basta criar uma gratuitamente.

TERCEIRO PASSO: MONTE UMA ESTRUTURA DE PASTAS PARA SEU PROJETO

Crie uma pasta chamada "Segundo Cérebro na IA" (ou o nome que desejar): Lá dentro, faça subpastas como "*Prompts* de Treino" ou "Bases de Conhecimento". É dentro dessas subpastas que você vai criar documentos (Google Docs) para guardar as informações do método COETARTA.

> **DICA DE ORGANIZAÇÃO:**
>
> Tenha um documento índice listando cada arquivo, com uma breve descrição do que contém. Assim, você se localiza melhor e não se perde em meio a múltiplos documentos.

> **DICA DE SEGURANÇA:**
>
> Não subestime a importância do backup na nuvem! Já vi pessoas perderem semanas de produção porque confiavam apenas no computador. Pense no Google Drive como a sua "geladeira" de conteúdo, que mantém tudo sempre "fresco" e pronto para uso.

QUARTO PASSO: PRODUZA OS *PROMPTS* SEGUINDO O MÉTODO COETARTA (EM GOOGLE DOCS)

Agora vem a parte mais trabalhosa, mas essencial: treinar a IA para conhecer quem você é, quais objetivos deverá cumprir para potencializar suas competências e de que modo deverá se comunicar com você. Para isso:

1. **Abra o Google Docs e crie os arquivos de texto:** você deve separar cada fase do COETARTA em um documento. Exemplos: "Contexto", "Objetivos", "Estilo" etc.

2. Transfira o que está no seu "cérebro biológico" seguindo o método COETARTA: compartilhe detalhes sobre sua profissão, desafios, linguagem preferida (formal ou descontraída), valores pessoais e crenças que influenciam suas decisões. Há uma etapa ideal no COETARTA para cada tipo de informação.

Você poderá usar os modelos prontos que deixarei à sua disposição no final desta seção. Assim, a IA passará a responder de maneira personalizada e poupará seu tempo ajustando respostas que não atendam às suas expectativas a cada interação.

QUINTO PASSO: CRIE UMA CONTA NO CHATGPT (OPENAI) E ATIVE A VERSÃO PAGA

Por que a versão paga? No momento em que escrevo este texto, apenas o ChatGPT Plus (ou a modalidade paga equivalente) permite criar "GPTs" personalizáveis ou usar instruções avançadas. A versão gratuita não tem esse recurso de forma plena.

1. **Acesse chat.openai.com e crie ou entre na sua conta:** se ainda não tiver, cadastre-se na OpenAI.

2. **Faça o upgrade para o ChatGPT Plus (ou nome vigente):** verifique as condições e o valor da assinatura mensal, pois eles podem mudar com o tempo.

3. **Familiarize-se com as funções avançadas:** talvez exista algo como "Custom Instructions", "Meus *Prompts* Salvos" ou mesmo um ambiente para criação de "GPTs customizados". Siga as instruções específicas que a OpenAI disponibiliza (a interface pode mudar com o tempo).

SEXTO PASSO: CRIE E CONFIGURE O SEU "GPT" COMO SEGUNDO CÉREBRO

Este é o passo crucial que conecta o seu trabalho de produção de conteúdo (Google Docs) com a "mente" da IA.

1. Abra a área de configurações ou criação de GPT no ChatGPT: dependendo da versão, você encontrará "Custom Instructions" (Instruções Personalizadas) ou algo como "ChatGPT Custom"/"Meu Próprio GPT".

2. Faça o upload dos arquivos criados no Google Docs, seguindo a ordem das etapas do COETARTA: você deverá explicar ao GPT do que se trata cada arquivo, enviando-os um por vez. Exemplo: "GPT, este arquivo que estou enviando deve ser armazenado na sua base de conhecimento. Trata-se do *prompt* que explica o contexto no qual você estará inserido a partir de agora, como meu Segundo Cérebro na IA e assistente virtual. Após realizar a leitura e armazená-lo em sua base, diga 'pronto' para que eu lhe envie o próximo arquivo."

3. Teste sua configuração: faça perguntas de teste. Crie um texto sobre um trabalho recente que fez e veja se a resposta corresponde ao estilo e conteúdo que você deseja.

4. Refine, caso necessário: se a resposta estiver muito genérica ou não refletir sua personalidade, retorne ao Google Docs, ajuste a descrição e atualize o *prompt* inserido na base de conhecimento do GPT. Às vezes, basta inserir uma observação extra, como: "Use uma linguagem inspiradora e informal, evitando termos muito técnicos."

5. Crie "conversas-modelo" (se disponível): algumas versões do ChatGPT Plus permitem salvar conversas específicas. Assim, você pode ter um "GPT Consultor de Carreira" e outro "GPT Criador de Conteúdos", cada um com instruções específicas.

6. Permita que o GPT lhe faça perguntas para ampliar o entendimento sobre quem você é e o que almeja: após salvar o GPT e publicá-lo para uso restrito ao seu usuário (jamais o deixe público), interaja com o seu Segundo Cérebro, ficando disponível para responder às perguntas que colaborem com o aprendizado dele. Por exemplo: "Faça até 10 perguntas que considere necessárias para compreender cada *prompt* inserido na sua base de conhecimento."

SÉTIMO PASSO: GERENCIE SEU PROGRESSO NO TRELLO

Mesmo depois de configurar seu GPT, continue usando o Trello. Crie cartões para ações de melhoria do Segundo Cérebro ("Gerar novo *prompt* para aprofundar estilo de comunicação") e mantenha o histórico de testes, bloqueios e evoluções atualizados.

Use o Trello para gerenciar aquilo que é relevante para manter o seu GPT atualizado. Afinal, sua vida e sua carreira não param, certo? Sempre que tiver novas experiências, revise os arquivos para que o seu Segundo Cérebro se mantenha alinhado à sua condição atual.

Uma boa prática é demandar que o próprio ChatGPT analise o resumo semanal de suas atividades, aprendizados e decisões. Peça que transforme o material num documento de instruções para atualizar o seu GPT, salvando em arquivo PDF. Assim, você pode inserir na base de conhecimento do seu Segundo Cérebro na IA.

OITAVO PASSO (NEM SEMPRE NECESSÁRIO): EXPLORE A INTEGRAÇÃO DO SEGUNDO CÉREBRO NA IA COM OUTRAS FERRAMENTAS

Depois que estiver seguro de que sua extensão na IA foi bem treinada e é capaz de cumprir com os objetivos propostos, explore integrações que permitam automação. Elas proporcionarão mais eficiência.

- **Ferramentas de notas e organização:** Notion, Evernote etc.
- **Automação de tarefas:** Zapier, Make (Integromat).
- **Plataformas de backup de conhecimento:** Capacities.io para ter outra camada de segurança e sincronização.

DICA: COMECE SIMPLES

É melhor ter um Segundo Cérebro funcional e útil do que ficar preso em configurações avançadas e nunca chegar ao uso efetivo.

Começar o quanto antes a criar o seu Segundo Cérebro na IA é a forma mais rápida para você turbinar suas competências. Não precisa ser um processo complexo ou entediante. Com o Trello para gerenciamento de tarefas, com o Google Drive para armazenamento seguro e com o ChatGPT Plus (versão paga) para personalizar a IA de acordo com o método COETARTA, você terá uma base sólida para potencializar suas competências.

O grande diferencial está em alimentar a inteligência artificial com informações profundas sobre você e seu trabalho. Isso permite que os resultados gerados se aproximem com mais precisão do que você realmente necessita, agregando valor concreto ao seu dia a dia profissional e à sua rotina pessoal. O método COETARTA é o fio condutor que garante que o ChatGPT compreenda contexto, objetivos, estilo e tom, atuando de forma verdadeiramente personalizada.

Siga o passo a passo, faça os ajustes conforme precisar e, acima de tudo, não deixe para amanhã. A IA está disponível hoje, pronta para ampliar sua capacidade de raciocinar, criar e tomar decisões. Faça dela o seu braço-direito, ou melhor, a sua extensão cerebral.

UM PRESENTE PARA SAIR NA FRENTE

Uma das minhas maiores inquietudes ao escrever este livro é a consciência de que parte de seu conteúdo, ou talvez todo ele, possa tornar-se rapidamente obsoleto. Os avanços da inteligência artificial acontecem em ritmo tão acelerado — e essa velocidade só tende a aumentar — que muitas práticas relevantes enquanto escrevo estas páginas provavelmente estarão ultrapassadas em questão de meses ou até mesmo semanas.

Meu objetivo principal com esta obra não é torná-la um legado eterno. Pelo contrário: a prioridade é conscientizar e educar no presente. O foco é aqui e agora. Quero alcançar o maior número possível de pessoas interessadas em moldar o próprio futuro. O cérebro digital permitirá ganhos significativos de eficiência, estimulará a curiosidade pelo tema e aumentará a compreensão das mudanças, além de mostrar como capturar valor das evoluções e inovações que inevitavelmente virão.

Como estrategista, acredito que a agilidade é um superpoder para quem busca vantagem competitiva. Principalmente em cenários de rápidas transformações. Por isso, nesta conclusão de capítulo, decidi oferecer um presente especial para que você saia na frente: um *QR code* e um link que direcionam diretamente a um quadro no Trello. Ele contém todas as colunas e os principais cartões com atividades essenciais para a criação do seu Segundo Cérebro na IA. Basta acessar, copiar o quadro para sua conta gratuita no Trello e começar a usar imediatamente.

Capítulo 11 O melhor caminho para implantar o uso da inteligência artificial dentro das empresas

Em capítulos anteriores, você viu como estruturamos o Segundo Cérebro na IA. Agora, veja como levamos essa visão para dentro da empresa — não como um experimento isolado, mas como uma estratégia coletiva, robusta e escalável.

Para tal, é preciso começar da maneira certa.

Pelo que tenho observado, a implementação eficaz da IA dentro das empresas depende de algo mais poderoso e desafiador do que simplesmente escolher a melhor tecnologia disponível no mercado. Tudo começa com as pessoas, mais especificamente com quem está no topo da organização. É essencial que os líderes máximos compreendam o que a IA pode realmente entregar em termos de geração de valor e quais são os desafios e riscos envolvidos.

O primeiro passo para a implementação bem-sucedida da inteligência artificial é selecionar um "dono" para este tema dentro da empresa. Alguém que seja responsável por liderar a iniciativa e por educar, engajar e transformar mentalidades. A experiência que tivemos na VIASOFT reforça que não dá para terceirizar uma mudança cultural tão profunda e significativa.

Nossa abordagem para tornar isso uma realidade envolveu a criação de um Comitê de IA. Não montamos um grupo burocrático daqueles que só se reúnem uma vez por mês para validar atas. Reunimos um grupo multidisciplinar com representantes de diferentes áreas e níveis hierárquicos — garantindo equilíbrio entre perspectivas técnicas, humanas e operacionais. Não se tratava apenas de garantir conformidade regulatória. O mais relevante era garantir que a IA fosse utilizada de forma ética, segura e alinhada aos valores essenciais da VIASOFT.

Estabelecemos diretrizes internas sólidas para o uso da IA, alinhadas a princípios de ética, segurança e responsabilidade. Com isso, conseguimos avançar de maneira ágil e segura, mantendo o alinhamento com nossa cultura e com as melhores práticas do mercado.

Entenda algo importante: quando falamos em governança de IA, não estamos falando de um mero checklist de conformidades, e sim de uma estrutura que antecipa riscos e garante que a IA sirva aos interesses da empresa e das pessoas envolvidas nela.

E por onde começar exatamente? Na minha visão e experiência, as melhores áreas para implantação inicial são aquelas onde é possível gerar um retorno claro e rápido. Marketing, Vendas e Desenvolvimento de Produtos são os setores que apresentam maior potencial imediato.

Contudo, há uma ressalva importante a se fazer. As empresas que realmente capturam valor da inteligência artificial vão além de simplesmente "usar" ferramentas prontas de mercado. Elas moldam e adaptam essas soluções ao seu contexto específico, aos seus próprios dados e processos internos. Em alguns casos, até desenvolvem suas próprias soluções.

Este modelo de trabalho segue o que chamamos de arquétipos: *Takers* (que utilizam soluções prontas), *Shapers* (que adaptam modelos existentes) e *Makers* (que desenvolvem soluções próprias). Na VIASOFT, transitamos rapidamente de *Takers* para *Shapers*, adaptando modelos para refletir nossa realidade e criando vantagens competitivas claras e duradouras.

Um alerta crucial que deixo para quem pretende seguir por esse caminho é: sua equipe precisa estar preparada para gerir riscos desde o início. Não há espaço para improviso. Erros em inteligência artificial têm impactos enormes, desde imprecisões até violações de propriedade intelectual e segurança cibernética. Governança, monitoramento e estratégias proativas de mitigação de riscos são fundamentais.

Outro fator crítico é o talento. IA não é uma tecnologia que você simplesmente compra, instala e esquece. Você precisa formar pessoas dentro da empresa que sejam capazes de dialogar com a tecnologia e saibam extrair valor real dos dados e dos modelos. A experiência prática das organizações mais maduras em IA, incluindo a nossa, confirma que é preciso criar as próprias capacidades internas, desde cientistas de dados até engenheiros de *prompt*.

A implementação eficaz requer ainda agilidade organizacional. Isso significa criar equipes multifuncionais ágeis, trabalhar com ciclos curtos, aprender rápido e evoluir continuamente. Empresas que adotaram esse modelo de trabalho conseguiram acelerar muito mais rapidamente a captura de valor.

Por fim, mas não menos importante, a liderança precisa abraçar as mudanças com ousadia e humildade. O antigo modelo de líder centralizador, que quer controlar cada detalhe, simplesmente não funciona mais nesse contexto. Mais do que nunca, a liderança contemporânea precisa saber ouvir, delegar e confiar, permitindo que o time brilhe e novas ideias surjam sem medo.

Se pudesse resumir em poucas palavras o segredo para implementar IA com sucesso dentro das empresas, diria que tudo gira em torno de pessoas preparadas, liderança engajada e governança estruturada. O futuro não pertence às empresas que têm medo ou resistem à mudança, mas àquelas que ousam fazer diferente, adaptam-se rapidamente e compreendem que a inteligência artificial é um aliado estratégico indispensável para continuar crescendo e evoluindo.

Chegou a hora de você entrar em ação! Revelo o mapa de como fazer isso nas próximas seções.

COMO FAZER USO DA IA NAS EMPRESAS DE MODO RESPONSÁVEL

Quando decidi implementar de forma estruturada a inteligência artificial na VIASOFT[9], percebi rapidamente que o maior desafio não seria tecnológico. Seria humano. Por isso, meu primeiro movimento não foi buscar soluções sofisticadas ou contratar consultorias caras. Meu primeiro passo foi conversar diretamente com as pessoas. Organizei uma videochamada com todos os colaboradores para tratar da importância estratégica da inteligência artificial para a relevância e a competitividade do nosso negócio.

Durante essa chamada, anunciei a criação do Comitê de IA e deixei claro que seria uma oportunidade aberta a qualquer colaborador interessado. Acreditei que, ao abrir essa porta para todos, conseguiria reunir uma equipe engajada, diversa e verdadeiramente inovadora.

Para isso, estruturamos um processo simples de inscrição, voltado a identificar não apenas habilidades técnicas, mas principalmente visão estratégica e engajamento com o tema. As perguntas buscavam mapear experiências prévias com IA, ideias práticas e capacidade de colocá-las em ação com eficácia.

O objetivo dessa abordagem não era captar apenas competências técnicas. Visamos principalmente capacidade inovadora, visão estratégica e engajamento pessoal genuíno com a IA.

Eu, os executivos-chave da empresa e nossos especialistas em IA analisamos pessoalmente as candidaturas recebidas. Logo, ficou evidente uma dificuldade: algumas áreas não tinham nenhum inscrito. Isso reforçou algo em que acredito: se a liderança local não incentivar a inovação, as pessoas não se engajam. Mais uma vez, ficou clara a importância da participação dos líderes em todos os processos de transformação.

---

9 Os exemplos aqui apresentados têm caráter didático e foram adaptados para preservar aspectos estratégicos e sensíveis da operação. A governança de IA deve sempre refletir o contexto e os riscos específicos de cada organização.

Depois de escolhidos os membros, estabelecemos um calendário de reuniões mensais, com pautas prévias e abertas à colaboração de todos os participantes. Os temas dos encontros são divulgados com antecedência, o que permite à equipe se preparar adequadamente e apresentar ideias concretas. Nosso compromisso é claro: em vez de reuniões protocolares, os encontros são momentos estratégicos dedicados exclusivamente à geração de valor.

Para garantir agilidade e eficiência, permitimos que membros liderem reuniões adicionais ou formem subgrupos focados na resolução rápida de desafios específicos. Esses subgrupos têm liberdade para incluir colaboradores de outras áreas da empresa e até parceiros externos, o que acelera a busca pelas melhores soluções.

Em pouco tempo, essa abordagem se mostrou eficaz. Conseguimos canalizar o entusiasmo e a energia de centenas de colaboradores que, impulsionados pela criação do Comitê, começaram a buscar maneiras melhores de fazer seus trabalhos com o apoio da IA. O resultado foi algo concreto e significativo: lançamos uma solução que permite aos gestores conversarem via chat por texto ou áudios com os dados da empresa, dispensando geração de relatórios ou horas de análise de gráficos em BI. Outros lançamentos envolvendo a IA que prometem revolucionar a experiência de uso dos ERPs estão prestes a serem anunciados no instante em que escrevo este livro.

Criar um comitê eficiente e produtivo não é tarefa simples. Exige visão, coragem e capacidade de liderança autêntica. Afinal, implantar inteligência artificial não diz respeito apenas à inovação: envolve também responsabilidade e segurança. Na VIASOFT, desde o início sabíamos que um uso descontrolado poderia colocar em risco dados sensíveis de clientes, parceiros e colaboradores. Por isso, começamos adotando diretrizes claras de governança.

Adotamos um modelo de governança que assegura o uso responsável da IA, especialmente no tratamento de dados sensíveis. Todas as decisões nesse âmbito são orientadas por critérios de conformidade com a legislação e com protocolos internos de segurança.

Além disso, implementamos uma versão corporativa segura da ferramenta, com recursos avançados de monitoramento e controle — fundamentais para proteger os dados e garantir conformidade com nossa política de governança.

Para assegurar que a IA realmente gere resultados sem expor a empresa a riscos desnecessários, instituímos um conjunto robusto de práticas que incluem auditorias regulares, testes criteriosos e monitoramento contínuo, de modo a garantir conformidade, segurança e desempenho das soluções em IA.

Conseguimos implementar esse processo de conscientização rapidamente porque nossos colaboradores já tinham uma cultura forte de proteção e cuidado com dados sensíveis dos clientes. Porém, reconheço que nem todas as organizações terão essa facilidade. Empresas que não têm em seu DNA uma cultura forte de segurança e privacidade precisarão investir ainda mais esforços em conscientizar os colaboradores sobre os riscos reais associados ao uso inadequado da IA.

Claro que nem sempre o processo de transformação será tranquilo. Já interagi com muitos CEOs e líderes que relataram significativa resistência interna à governança da IA. Em alguns casos, gestores se recusaram a seguir as diretrizes aprovadas e insistiram em manter práticas ultrapassadas ou inseguras.

Em situações mais críticas, quem comanda a empresa precisa agir com firmeza: colaboradores que não demonstrarem capacidade de adaptação às novas exigências devem ser substituídos. Parece extremo, mas não há espaço para complacência quando se trata da segurança dos dados e do futuro da organização.

Se você deseja liderar essa revolução na sua empresa, esteja preparado para ser claro, consistente e implacável na defesa dessas regras.

OS DANOS DE NÃO REGULAMENTAR O USO DA IA

O avanço rápido e a facilidade de uso da inteligência artificial provocaram um surto de experimentação nas organizações. Muitas dessas iniciativas não geraram nenhuma vantagem competitiva. Empresas adquiriram dezenas de milhares de licenças para soluções de IA sem planos claros ou estratégias bem definidas para extrair valor da tecnologia. O resultado foi progresso lento e desperdício de recursos.

A realidade é preocupante: muitos colaboradores utilizam ferramentas gratuitas sem qualquer garantia de procedência ou segurança. O mais grave é que essas ferramentas são frequentemente acessadas por meio de contas pessoais, com uso de e-mails não corporativos para efetuar o login. Como resultado, grandes volumes de informações confidenciais são inseridos nas plataformas sem qualquer controle. Ao deixarem a empresa, os colaboradores acabam levando — voluntária ou involuntariamente — dados valiosos, que podem cair nas mãos de concorrentes ou ser expostos de forma indevida.

A tecnologia não multiplica apenas talentos e habilidades dos usuários. Ela potencializa falhas éticas, intenções escusas e descontrole no manuseio de informações sensíveis. Sem uma regulamentação clara e rigorosa, o uso irresponsável da IA pode causar danos irreparáveis à imagem e à operação das empresas.

Diante disso, recomendo fortemente que todo líder implemente, com urgência, uma pesquisa detalhada para identificar a extensão do uso da IA em sua organização e estabeleça processos periódicos de auditoria para avaliar a conformidade das práticas internas. Três questões devem ser verificadas diretamente com os colaboradores:

1. Que ferramentas de IA eles estão usando atualmente?
2. Quais tipos de dados estão inserindo nessas ferramentas?

3. Estão utilizando e-mails e contas corporativas ou pessoais para acessar essas soluções?

Os resultados podem ser surpreendentes e até alarmantes. Aja com rapidez e firmeza na implementação de normas claras, políticas internas rigorosas e uma governança sólida para o uso responsável da IA. O papel do líder é garantir que essa poderosa ferramenta sirva aos objetivos estratégicos da empresa e não se torne um vetor de vulnerabilidade.

Lembre-se: assim como a IA pode potencializar o crescimento do seu negócio, também pode ampliar os riscos. Uma auditoria completa e periódica sobre o uso da IA na organização não é apenas recomendável — é essencial. Além das evidentes ameaças operacionais e financeiras, empresas que negligenciam a regulamentação e a governança da IA ficam vulneráveis a danos graves e irreversíveis à reputação e à imagem corporativa.

Com a vigência da Lei Geral de Proteção de Dados (LGPD), qualquer descuido pode implicar sanções legais severas, incluindo multas milionárias, além de danos incalculáveis à confiança dos clientes e do mercado. Cuide para que esse potencial transformador se torne um aliado estratégico, e não uma ameaça silenciosa e destrutiva. O momento de agir com responsabilidade é agora.

A INTELIGÊNCIA ARTIFICIAL COMO GUARDIÃ DA CULTURA ORGANIZACIONAL

O mundo está mudando cada vez mais rápido. A forma como consumimos produtos, serviços, informação e conhecimento se transformou de maneira radical nos últimos anos. E as grandes alterações não vão parar nem desacelerar. Nas redes sociais, por exemplo, é muito difícil ver uma publicação ter êxito de engajamento quando um vídeo tem mais de noventa segundos ou um texto ultrapassa meia dúzia de linhas. Dentro das empresas, as mudanças acontecem da mesma forma: as velhas fórmulas de capacitação estão em colapso.

As pessoas não querem mais consumir conteúdo do jeito tradicional. Elas não perdem tempo com treinamentos intermináveis e voltados para a decoreba de uma montanha de informação que será esquecida em semanas. Elas querem algo muito mais simples: fazer o trabalho certo, do jeito certo.

Não é à toa que minha experiência no mundo corporativo, somada à dedicação em analisar os números de diferentes organizações que atendemos, tem me levado a uma reflexão inquietante: tenho observado, com frequência cada vez maior, que empresas que apostam exclusivamente em plataformas de cursos genéricos ou investem em treinamentos de auditório tradicionais raramente conseguem transformar esse esforço em vantagem competitiva real.

Isso não significa desqualificar por completo esses formatos. Em determinados contextos e com curadoria criteriosa, eles podem ser úteis. No entanto, o que se evidencia no dia a dia de muitas organizações é que capacitações genéricas, desconectadas da realidade prática e do repertório interno, geram baixo impacto concreto.

Já o conhecimento que nasce nas trincheiras da própria organização — fruto dos acertos, erros e experiências de quem realmente percorreu o caminho — tende a ser o mais valioso, embora frequentemente negligenciado, mal documentado e pouco compartilhado.

Sabe o que isso tem me levado a acreditar? Que as empresas estão jogando dinheiro fora com imersões e assinaturas de plataformas caríssimas de capacitação. Elas consomem conhecimento que os concorrentes também acessam, enquanto negligenciam a Gestão e a escalabilidade de um conhecimento valiosíssimo e único: aquele que foi desenvolvido internamente, nas trincheiras, ao longo da existência da empresa.

Se você tem contato com diferentes organizações, sabe que todas as áreas de uma empresa costumam ter um profissional conhecido por responder prontamente às dúvidas dos colegas, o que deixa tudo mais fácil no dia a dia. Geralmente, é alguém experiente que sabe dizer onde encontrar as informações necessárias, como cumprir determinada tarefa corretamente e como não proceder, porque já tentou e viu que deu errado.

Não há dúvida de que isso funciona. O problema é que custa caro para a empresa, pois consome o tempo do profissional que atua como uma espécie de oráculo. Ao mesmo tempo, sua contribuição é limitada — não é escalável. Além disso, existe o risco de que a ausência eventual ou definitiva desse profissional deixe a equipe desamparada. É importante destacar que alguns colaboradores nunca se esforçaram para aprender e jamais atuaram com autonomia, devido à conveniência de sempre ter alguém altamente qualificado por perto para lhes oferecer suporte.

E se existisse uma "pessoa" disponível para dizer o que fazer, como proceder e alertar sobre como não agir? Alguém disponível 24 horas por dia e capaz de se comunicar com centenas ou milhares de colegas de trabalho ao mesmo tempo?

Essa pessoa existe. Seu nome é inteligência artificial.

As múltiplas áreas funcionais que compõem uma empresa, como Vendas, Financeiro, Recursos Humanos, Marketing, Suporte ao Cliente, Produção, Logística, Tecnologia, entre outras, têm seus próprios desafios, seus próprios fluxos de informações e seus próprios especialistas.

Imagine se cada uma dessas áreas tivesse seu próprio Segundo Cérebro na IA, treinado para atuar como mentor, curador e treinador. Pense no alcance de uma ferramenta capaz de tirar dúvidas, padronizar o conhecimento e garantir que cada colaborador tivesse acesso imediato às melhores práticas do setor!

Em vez de obrigar alguém a assistir a um treinamento genérico e torcer para que se lembre do conteúdo meses depois, a IA atua em tempo real e responde a perguntas como:

- "Qual o procedimento correto para lançar essa nota fiscal?"
- "Como posso cumprir a meta dentro do prazo determinado?"
- "O que outros profissionais bem-sucedidos dessa área fizeram para resolver essa situação?"
- "Qual a melhor abordagem para lidar com esse tipo de cliente?"
- "O que a empresa já fez antes para resolver esse problema?"

O impacto é brutal: menos tempo perdido com dúvidas repetitivas, menos erros, menos retrabalho e um ganho absurdo de eficiência. E o melhor: sem sobrecarregar os líderes com perguntas operacionais que poderiam ser facilmente resolvidas por um assistente de IA bem treinado.

Agora imagine um passo além: um grande oráculo digital que não apenas responda às perguntas operacionais, mas guarde e proteja a cultura organizacional, os valores, a visão, a missão e os norteadores estratégicos da empresa.

Esse conceito surgiu das minhas reflexões e da experiência prática com o uso intensivo de IA na liderança organizacional. Confesso que ainda não encontrei nada semelhante sendo discutido globalmente, exceto pelos estudos que estamos desenvolvendo internamente na VIASOFT.

Tenho chamado essa abordagem de *Oráculo do DNA Organizacional na IA* — uma construção original, em desenvolvimento contínuo, voltada a proteger a essência cultural das empresas e garantir sua longevidade estratégica.

Trata-se de uma tese em consolidação, que compartilho aqui com o objetivo de inspirar reflexões sobre o futuro da gestão — e não como um modelo pronto a ser replicado fora de contexto. Sua aplicação plena exige maturidade organizacional, governança robusta e liderança genuinamente comprometida.

Pense nele como o grande guardião da cultura da empresa: um sistema inteligente capaz de preservar sua essência e garantir que valores, práticas e decisões estratégicas não se percam no tempo — nem se deteriorem nos processos de sucessão de líderes, especialmente de CEOs.

Isso significa que, independentemente de quem saia ou entre na empresa, os alicerces que sustentaram a organização até ali não desaparecerão. Tudo o que foi aprendido ao longo dos anos — os sucessos, os erros, as estratégias que deram certo e as que falharam — fica armazenado e disponível para consulta instantânea.

Enfatizo que cada líder funcional ou gestor de unidade de negócio deveria ser incentivado a desenvolver seu próprio Segundo Cérebro, estruturando *prompts* a partir do Método COETARTA e que sejam validados e testados na prática. Quando consolidamos esses conhecimentos em um único sistema, criamos o verdadeiro Oráculo da empresa — um GPT estratégico e poderoso que assegure a continuidade e a inteligência organizacional.

Por mais que busque conscientizar lideranças de milhares de empresas, não posso ignorar o fato de que liderar na era da IA exige clareza, coragem e inconformismo. Algo que percebo com nitidez crescente é que o maior risco para as empresas hoje não é a tecnologia, e sim a inércia dos líderes. Vejo muitos gestores que até reconhecem o potencial da IA, mas permanecem presos a um pensamento viciado: querem resultados diferentes sem mudar a forma como operam.

O problema é que a IA já está mudando o jogo. Está reformulando modelos de negócio, reescrevendo regras de mercado e eliminando concorrentes que insistem em não utilizá-la. A realidade é dura: ou você lidera essa transformação dentro da sua empresa ou alguém vai fazer isso por você — e você pode não gostar do resultado.

A pergunta não é: "Será que a IA pode ajudar?". O questionamento mais pertinente deveria ser: "Por que diabos ainda estamos resolvendo problemas do jeito antigo, se a IA pode fazer isso melhor, mais rápido e mais barato?"

Se você é líder, pense nisso seriamente. E se ainda não ocupa uma posição de liderança na empresa em que trabalha, tem um grande favor a fazer pelo futuro dela: compartilhar este capítulo com quem está no comando. Se o principal líder da sua empresa não enxergar essa iniciativa como uma demonstração genuína de interesse em ajudar, talvez seja hora de repensar sua permanência ali. Uma coisa, porém, é certa: o mercado não terá paciência com empresas que insistem em ignorar a IA.

UM CUIDADO QUE MUDA TUDO NO USO DE UMA TECNOLOGIA QUE PODE TUDO

Antes de encerrar este capítulo sobre a implantação do uso da IA nas empresas, preciso compartilhar uma prática que desenvolvi para mitigar riscos associados ao uso massivo da inteligência artificial por centenas de colaboradores. Essa tecnologia, que aparentemente não conhece limites, torna-se especialmente crítica quando utilizada para substituir conselhos e orientações que tradicionalmente seriam fornecidos por líderes experientes ou profissionais com vasto conhecimento.

Nos vários anos desenvolvendo treinamentos, percebi que não bastava criar *frameworks* mostrando apenas o que fazer e como

"A pergunta não é: 'Será que a IA pode ajudar?'. O questionamento mais pertinente deveria ser: 'Por que diabos ainda estamos resolvendo problemas do jeito antigo?'"

fazer. Passei também a estabelecer claramente o que não deve ser feito e fornecer exemplos explícitos de práticas que jamais devem ser adotadas. Deixar evidente o que não deve ser executado é tão crucial quanto indicar o que deve ser realizado. Para mim, é incompreensível que esta prática ainda não seja amplamente adotada pelas empresas.

A importância de esclarecer o que não fazer pode ser observada em situações cotidianas. Na educação das crianças, pais e responsáveis enfatizam de forma clara quais comportamentos são perigosos ou inadequados — como não se aproximar de locais arriscados ou não aceitar presentes de desconhecidos. Curiosamente, na liderança empresarial, essa abordagem parece negligenciada, o que poderia explicar uma série de problemas comuns nas organizações.

Independentemente de suas crenças religiosas, você certamente já ouviu falar ou estudou os Dez Mandamentos descritos no livro do Êxodo. Note que, dos dez mandamentos, apenas três orientam sobre o que fazer, enquanto os outros sete esclarecem o que não fazer. Relembremos:

1. Amar a Deus sobre todas as coisas.
2. Não tomar seu santo nome em vão.
3. Guardar domingos e festas.
4. Honrar pai e mãe.
5. Não matarás.
6. Não pecar contra a castidade.
7. Não furtar.
8. Não levantar falso testemunho.
9. Não desejar a mulher do próximo.
10. Não cobiçar as coisas alheias.

Resumidamente, meu conselho é: ao treinar a inteligência artificial para ser um Segundo Cérebro pessoal ou ao criar um agente de IA para uso dos colaboradores, dedique tempo significativo ao desenvolvimento de *prompts* específicos que detalhem claramente o que não fazer e como não proceder. Essa medida simples e poderosa evitará inúmeros problemas desnecessários que surgiriam quando combinamos a ilimitada criatividade humana com a extraordinária capacidade de processamento e resposta da IA.

Capítulo 12 | Inteligência artificial: o motor que impulsiona as vendas em qualquer negócio

Grande parte da minha trajetória profissional foi dedicada à área de Vendas. Tive a oportunidade de ocupar diversos cargos: desde executivo comercial, passando por supervisor, diretor, vice-presidente até alcançar o posto de CEO. Desde o início, notei algo que sempre me incomodou: o preconceito contra os profissionais de Vendas. Muitas pessoas consideram essa carreira como o último recurso para aqueles que não conseguiram algo "melhor".

Segundo essa ótica, o vendedor é o empreendedor que fracassou, o bacharel em Direito que não passou na OAB ou o profissional sem nenhuma formação acadêmica que precisou aceitar o primeiro trabalho disponível.

Não foram poucas as vezes em que fui abordado na fila do restaurante ou do cinema, principalmente após me tornar diretor da VIASOFT. Por estarmos em uma cidade pequena, era inevitável tornar-me uma figura conhecida, especialmente à frente da maior empresa da região. Frequentemente, jovens ou até mesmo seus pais me procuravam pedindo uma oportunidade, algo que sempre considerei positivo. Porém, o que realmente me incomodava era quando o pedido terminava com a frase: "Nem que seja na área de Vendas". A sensação é que as vagas no Comercial seriam inferiores ou desprezíveis.

Nunca concordei com essa visão. Ainda em 2010, comecei a ministrar treinamentos abertos e a conscientizar empresários e profissionais de diversos segmentos sobre a importância da área de Vendas. Deixava claro que o Comercial requer métodos norteadores, melhores práticas e equipes bem treinadas. Afinal, nenhuma empresa sobrevive sem uma equipe de vendas sólida e bem preparada.

No Grupo VIASOFT, ainda como gerente Comercial, fui pioneiro na criação da área de Inteligência de Mercado e Competitividade (IMC), essencial para apoiar as decisões estratégicas da direção Comercial. Mais do que isso, desenvolvi centenas de conteúdos de capacitação em Vendas e métodos próprios que impulsionaram o crescimento do grupo e de suas diversas frentes de negócio.

Tenho orgulho de ter treinado mais de mil profissionais de Vendas, entre colaboradores diretos, franqueados e equipes comerciais de empresas às quais prestei mentoria. Ver vários desses profissionais alcançando sucesso na carreira e receber feedback positivo sobre minha influência em seu desenvolvimento sempre foi uma grande realização pessoal.

Portanto, a paixão por essa área e a convicção na força dos métodos e treinamentos pautaram minha jornada pelo Comercial desde o início. Recentemente, ao mergulhar no uso prático e nas capacidades exponenciais da inteligência artificial, percebi que a área de Vendas está no epicentro de uma transformação sem precedentes.

Soluções de IA capazes de automatizar inúmeras funções operacionais de Vendas — que antes exigiam esforço humano considerável — já existem, liberando tempo e aumentando a eficiência de forma drástica. Tenho visto e utilizado essas capacidades em primeira mão.

Diante de um cenário de potencial inexplorado e de inércia no mercado, este capítulo tem um objetivo claro e prático. Não pretendo listar todas as ferramentas de IA para Vendas disponíveis ou propor a automação radical e imediata de todos os processos. Meu intuito é despertar as mentes ainda reticentes para as evoluções comerciais. Embora possam funcionar em certos contextos, percebo que muitas dessas soluções não atendem plenamente às necessidades de vendas complexas e exigem complementos com repertório prático interno. Vou mostrar como a inteligência artificial pode e deve ser usada agora mesmo para garantir que o básico — a construção, a sistematização e o uso prático do repertório essencial de Vendas — seja feito com excelência. Em outras palavras, vou tratar apenas da aplicação dos fundamentos da tecnologia.

MARTELO BOM NÃO FAZ CARPINTEIRO. IA NÃO FAZ VENDEDOR — É PRECISO TER REPERTÓRIO

Ainda criança, lembro-me de acompanhar meu pai e meu saudoso avô, seu Titê, na manutenção das estruturas de madeira no sítio da família. Sempre curioso e ansioso por ajudar, insistia para que me deixassem manusear as ferramentas. Adorava o serrote, a plaina manual e, principalmente, o martelo.

Meu pai relutava em me deixar manusear o martelo. A primeira razão: temia que eu esmagasse os dedos por falta de habilidade. O segundo motivo: tínhamos poucos pregos disponíveis e minha inexperiência fazia com que muitos terminassem entortados. Não importava se estávamos reparando as paredes do paiol ou construindo um novo galinheiro, os pregos tortos eram inevitáveis.

O ponto central é que não importava a qualidade do martelo, pois ele sozinho não poderia me tornar um bom carpinteiro. Eram necessárias técnica, prática e persistência, muito além de qualquer talento inicial. Somente após muitos pregos desperdiçados e dedos machucados foi que adquiri destreza suficiente para usar aquela ferramenta com eficiência.

Algo semelhante acontece nas empresas com o uso da inteligência artificial. A tecnologia em si não transforma automaticamente alguém em um excelente profissional. Em Vendas, área com fortes relacionamentos interpessoais e negociações complexas, fica ainda mais nítido que as ferramentas de IA não substituem o repertório dos melhores vendedores.

Infelizmente, é cada vez mais raro encontrar profissionais com repertório consistente em Vendas. Os mais experientes já estão bem-posicionados e dificilmente buscam novos desafios. Os iniciantes, por sua vez, enfrentam alta rotatividade, o que os impede de adquirir experiência sólida. Como resultado, muitos permanecem sem técnica e prática suficientes para evoluir.

Diante desse cenário, o que líderes e gestores comerciais podem fazer? Como integrar a IA às Vendas para escalar negócios, multiplicar resultados e potencializar o repertório humano?

OS PILARES CLÁSSICOS DO REPERTÓRIO PARA QUALQUER ÁREA DE VENDAS DE ALTA PERFORMANCE: *PLAYBOOK* E *ROLE PLAY*

Antes mesmo da revolução da inteligência artificial, a busca por sistematizar e transferir o conhecimento em Vendas levou ao desenvolvimento de métodos comprovadamente eficientes de Gestão Comercial. Dois pilares clássicos se destacam na construção do repertório de um time de alta performance: o *Playbook* de Vendas e o *Role Play*.

O *Playbook* de Vendas é a sistematização do "como fazer" em Vendas. É semelhante ao caderno de medidas que o carpinteiro experiente carrega no bolso, com instruções sobre como executar cada etapa da "construção". No universo Comercial, esse guia do que fazer é traduzido em um documento — hoje digital — que responde às perguntas fundamentais: Para quem vendemos? Como encontramos os clientes? O que e quando dizemos a eles? Como negociamos? Como medimos os resultados? A função desse documento é capturar a experiência validada em campo e servir como mapa orientador da equipe.

O *Role Play* tradicional, por sua vez, é a prática deliberada da rotina Comercial. Trata-se de um treino estruturado onde colegas alternam papéis de vendedores e clientes em simulações de cenários típicos do dia a dia. Seus objetivos são: praticar abordagens, contornar objeções, testar argumentos em ambientes seguros e receber — feedback de colegas e/ou gestores. É uma técnica poderosa para desenvolver a destreza dos vendedores e tornar as abordagens naturais. Não por acaso, ela é amplamente utilizada com sucesso no Grupo VIASOFT há quase dez anos.

A combinação do *Playbook* (o mapa do "como fazer") com o *Role Play* (a prática do que se deseja dominar) cria um ciclo virtuoso de aprendizado e melhoria contínua no modelo clássico de treinamento em Vendas.

O DESAFIO MODERNO: POR QUE OS MÉTODOS TRADICIONAIS FALHAM HOJE?

Por mais valiosos que sejam o *Playbook* e o *Role Play* em teoria, a realidade dinâmica do mercado e o comportamento do vendedor moderno mostram que os métodos tradicionais frequentemente falham na prática, especialmente quando aplicados em escala.

O *Playbook* tradicional e estático falha porque não acompanha a agilidade das interações modernas. Trata-se de um documento denso, não otimizado para a consulta em tempo real, no calor da negociação. A pressão por volume, a mudança nos hábitos de consumo de conteúdo (fluxos rápidos versus manuais extensos) e o fato de não terem sido concebidos para consulta instantânea levam ao seu abandono.

O *Role Play* tradicional também enfrenta limitações significativas:

- **Escalabilidade e acessibilidade:** dependem da disponibilidade e habilidade de colegas ou gestores para atuar como parceiros de treino e avaliadores. É difícil escalar treinos frequentes e personalizados para toda a equipe e a qualquer hora.

- **Subjetividade:** por melhor que seja, o feedback varia dependendo do avaliador.
- **Artificialidade e variedade limitada:** simular de forma consistente uma ampla gama de tipos de clientes, objeções complexas e cenários específicos de mercado, com realismo, é desafiador em um ambiente de treinamento humano-humano.

O resultado é que o repertório da equipe muitas vezes não é construído ou aprimorado na velocidade e na consistência que o mercado exige atualmente.

TRANSFORMANDO O *PLAYBOOK* EM REPERTÓRIO VIVO

A inteligência artificial não entra para substituir o repertório humano ou a necessidade de prática. O martelo bom ainda não faz o carpinteiro.

Ela surge para resgatar e potencializar o *Playbook*. A IA transforma o documento estático em um repertório vivo e acessível tanto para os vendedores quanto para a própria tecnologia.

Quando o *Playbook* é rigorosamente elaborado — com ICP[10], personas bem definidas, roteiros calibrados, matrizes de objeção organizadas e processos claros — e alimentado em uma plataforma de IA, algo transformador acontece:

- A IA se torna um oráculo comercial: em segundos, ela consulta o vasto conhecimento do *Playbook*, analisa o contexto da interação (se integrada às ferramentas como CRM ou gravadores de chamadas) e oferece ao vendedor a instrução, o argumento e a réplica mais pertinentes à estratégia. Sempre respeitando políticas de compliance e proteção de dados ao integrar conteúdos reais aos sistemas de IA.

10 ICP é a sigla em inglês para *Ideal Customer Profile*, que em português significa Perfil Ideal de Cliente.

- A IA torna-se um coach disponível 24x7: a inteligência artificial pode avaliar o estágio da venda, sugerir as próximas ações com base no *Playbook*, ajudar a personalizar *pitches* e até alertar sobre desvios de políticas ou de conformidade. Tudo isso, 24 horas por dia, 7 dias por semana.

- Antes ignorado, o *Playbook* transforma-se no motor da área Comercial: acessível e inteligente, o conhecimento contido no *Playbook* acelera o *ramp-up* de novatos (treinamento sob demanda e contextualizado), padroniza as boas práticas da equipe e libera os vendedores veteranos para se concentrarem em interações de maior complexidade e valor estratégico.

Atenção! A inteligência artificial não corrige a bagunça. Pelo contrário: ela pode amplificá-la! Alimentar uma IA com um *Playbook* mal estruturado, confuso, incompleto ou desatualizado resultará em respostas imprecisas, inconsistentes e potencialmente danosas na velocidade da luz. O valor da IA aqui é diretamente proporcional à qualidade e à organização do conteúdo que a alimenta.

CONSTRUINDO UM *PLAYBOOK* "À PROVA DE BALAS"

Para que o *Playbook* seja um repertório de excelência para sua equipe e uma base sólida para a inteligência artificial, ele precisa ser robusto, didático e abrangente. Esta estrutura serve como um guia completo e aplicável a qualquer negócio, desde o totalmente iniciante até o que busca otimizar processos existentes.

Veja, a seguir, um roteiro de *Playbook:*

1. Fundamentos da Empresa:

- História, Missão, Visão e Valores.
- Posicionamento de mercado e principais diferenciais competitivos.

"Atenção! A inteligência artificial não corrige a bagunça. Pelo contrário: ela pode amplificá-la!"

2. Mercado e Clientes:

› ICP (Perfil Ideal de Cliente): definição clara do público-alvo, segmentos, porte, regiões e dos problemas mais frequentes que enfrentam.

› Personas: detalhamento dos decisores, influenciadores e usuários dentro do ICP (atributos, desafios, desejos, critérios de decisão, jornada de compra).

› Jornada de Compra: etapas do processo do cliente (Reconhecimento, Consideração e Decisão) e os tipos de conteúdo/interação ideais para cada uma das etapas.

› Proposta de Valor e Posicionamento: estrutura clara e comprovada do valor entregue (Problema do cliente + Benefício mensurável + Prova/Case).

3. Produtos e Serviços:

› Descrição detalhada e clara das soluções comercializadas, com seus benefícios e diferenciais específicos para cada persona/ICP.

4. Processo Comercial (Completo e Detalhado):

› *Pipeline* e Fases: definição clara das etapas do Funil de Vendas e os critérios objetivos para o avanço de uma oportunidade.

› Pré-Vendas: processos de prospecção (*inbound/outbound*), qualificação de *leads* (métodos como BANT, SPIN, MEDDIC) e agendamento de reuniões.

› Vendas: etapas de Diagnóstico, Demonstração da Solução, Elaboração de Proposta, Negociação e Fechamento.

› Pós-Vendas: processos de *Onboarding* (Integração do cliente), acompanhamento (*Customer Success*) e estratégias para Renovações e Expansão (*Upsell/Cross-sell*).

- SLAs por Etapa: definição clara das responsabilidades e prazos de transição entre áreas (exemplo: Marketing para Pré-Vendas, Pré-Vendas para Vendas e Vendas para Sucesso do Cliente).

5. Metodologias de Vendas:

- Descrição das metodologias utilizadas pela equipe (*SPIN Selling*, *Challenger Sale*, MEDDIC etc.).
- Inclusão e detalhamento de métodos próprios, como o Método PABI (Problema/Atributos/Benefícios/Implicações).

6. Roteiros e *Scripts:*

- Modelos de abordagem para diferentes canais (ligações frias, e-mails de *follow-up*, mensagens para WhatsApp e LinkedIn).
- Roteiros para qualificação e diagnóstico.

7. Matriz de Objeções e Negociação:

- Mapeamento das objeções mais frequentes dos clientes.
- Respostas estratégicas e argumentações comprovadas para contorná-las, incluindo exemplos práticos de objeções comuns (como: "É muito caro?" ou "Comparado a quê?").
- Diretrizes claras sobre faixas de desconto e termos contratuais negociáveis e inegociáveis.

8. Casos de Sucesso e *Storytelling:*

- Coleção de histórias de sucesso de clientes formatadas para *storytelling* com métricas claras de ROI ou impacto.
- Depoimentos (textuais ou em vídeo) como prova social.

9. Ferramentas Tecnológicas (*Tech Stack*):

› Descrição das ferramentas utilizadas pela equipe (CRM, ferramentas de prospecção, discadores, plataformas de videoconferência, ferramentas de análise de vendas como Gong etc.).

› Explicação clara de como essas ferramentas se integram e são usadas no processo.

9. Métricas-chave e *Forecast:*

› Definição clara dos indicadores de performance essenciais (Taxas de Conversão por etapa, Ciclo Médio de Vendas, *Ticket* Médio, Custo de Aquisição de Cliente — CAC, *Lifetime Value* — LTV, *Churn*, Cobertura do *Pipeline*).

› Instruções sobre como monitorar (*dashboard* diário recomendado) e elaborar as previsões de vendas (*forecast*).

10. Compensação e Incentivos:

› Política clara de remuneração variável (comissões, bônus).

› Exemplos práticos de como os incentivos funcionam por alcance e superação de metas.

11. Treinamento, *Ramp-Up* e Coaching:

› Plano estruturado para integração (*onboarding*) e aceleração (*ramp-up*) de novos vendedores com cronograma e avaliações regulares.

› Descrição de como o *Role Play* é aplicado no ciclo de treinamento (*Role Plays* semanais com feedback estruturado).

› Diretrizes para Coaching contínuo e desenvolvimento de carreira.

12. Governança, Ética e Compliance:

› Políticas claras e acessíveis relacionadas à ética em Vendas, conformidade legal (LGPD) e normas internas (aprovações de descontos e uso de dados).

› Checklist detalhado para garantir a conformidade no dia a dia.

13. Integração com Marketing e *Customer Success:*

› SLAs definidos e procedimentos claros para a transição de *leads* de Marketing para Vendas e de clientes de Vendas para *Customer Success.*

› Como a comunicação e o feedback fluem entre essas áreas.

14. Revisão e Melhoria Contínua:

› Definição de um ciclo regular (por exemplo, trimestral) para avaliação do *Playbook.*

› Processo para coletar feedback da equipe e atualizar o material com base em novas descobertas, mudanças de mercado ou resultados.

Com um *Playbook* robusto e organizado como este, a base para integrar a inteligência artificial está pronta. A implementação da IA se torna o passo decisivo para tornar o conhecimento dinamicamente acessível e acionável.

O *ROLE PLAY* ELEVADO PELA INTELIGÊNCIA ARTIFICIAL

Superando as limitações do *Role Play* tradicional, a inteligência artificial surge como um parceiro de treinamento incansável, objetivo e escalável. A IA permite elevar o *Role Play* a um novo patamar, tornando-o uma ferramenta de desenvolvimento contínuo e sob demanda para toda a equipe.

Como isso funciona?

› **Simulação realista e variada:** utilizando o método COE-TARTA e o conteúdo estruturado do *Playbook* com dados adicionais sobre concorrentes, tendências de mercado e interações reais de vendas, a IA pode simular uma vasta gama de cenários de negociação. Ela assume o papel de diferentes perfis de compradores — do cético ao apressado, do bem-informado ao hesitante — com suas dores, desejos e objeções específicas.

› **Prática sob demanda 24x7:** vendedores não precisam mais esperar pela disponibilidade de um colega ou gestor. Podem praticar a qualquer hora, em qualquer lugar, quantas vezes forem necessárias, em simulações de texto, voz ou até vídeo (conforme a sofisticação da plataforma).

› **Avaliação objetiva e baseada em dados:** ao final da simulação, a IA avalia a performance do vendedor com base em critérios objetivos definidos no próprio *Playbook* e em modelos de competência. Ela verifica a aderência aos roteiros e processos, a eficácia no contorno de objeções (comparando com as respostas da matriz do *Playbook*), a clareza da comunicação, o uso de metodologias (como o PABI) e outros KPIs relevantes.

› **Feedback instantâneo e acionável:** a IA fornece feedback imediato, específico e baseado em dados sobre os pontos fortes e os aspectos a desenvolver. Ela pode, por exemplo, indicar exatamente onde o vendedor se desviou do script ideal, como poderia ter respondido melhor a uma objeção registrada no *Playbook* ou em que momento deixou de aplicar uma técnica de diagnóstico.

Essa capacidade de praticar em cenários controlados e receber feedback instantâneo e baseado no repertório validado da empresa (o *Playbook*) acelera dramaticamente a curva de aprendizado e a construção da confiança do vendedor. O *Role Play* com IA se torna uma academia de vendas personalizada e escalável, liberando gestores e veteranos para focarem em Coaching estratégico e situações reais de alta complexidade.

IMPLEMENTANDO A IA NO TREINAMENTO E NA OPERAÇÃO COMERCIAL

Para tirar o máximo de proveito da inteligência artificial na área de Vendas tanto como oráculo de consulta (potencializando o *Playbook*) quanto como simulador de treino (elevando o *Role Play*), alguns parâmetros e cuidados são essenciais:

› **Conteúdo estruturado:** a base de tudo é um *Playbook* de excelência, organizado em um formato que a IA possa processar e correlacionar com eficiência (documentos com hierarquia clara e dados bem categorizados). Lembre-se: a IA não corrige bagunça — ela a amplifica.

› **Contexto da IA:** explique claramente à IA o papel dela — ser um assistente para consulta, um coach de treino, um simulador de cenários — e qual o público (a equipe de Vendas).

› **Objetivos definidos:** determine para a IA quais são os resultados esperados (agilizar respostas, melhorar a adesão ao *Playbook*, aumentar a performance em *Role Plays*, acelerar o *ramp-up* etc.).

› **Audiência e Tom:** descreva o perfil da equipe comercial e defina o estilo e o tom de comunicação que a IA deve usar ao interagir com eles (assertivo, direto, formal etc.).

› **Critérios de avaliação (para *Role Play*):** especifique para a IA quais são os critérios objetivos do *Playbook* e as métricas de performance a serem usadas na avaliação das simulações.

› **Tratamento de dados e compliance:** garanta que a IA seja implementada respeitando políticas de privacidade e compliance, especialmente ao lidar com dados sensíveis de clientes ou performance individual.

› **Monitoramento e *feedback*:** crie um ciclo contínuo de avaliação da performance da IA (assertividade, utilidade) e colete feedback dos vendedores para refinar tanto a IA quanto o conteúdo do *Playbook* e os parâmetros dos *Role Plays* simulados.

OS BENEFÍCIOS TANGÍVEIS DA IA NA ÁREA DE VENDAS DE QUALQUER EMPRESA

Integrar o *Playbook* de Vendas estruturado à inteligência artificial e utilizá-la para potencializar tanto a consulta operacional quanto o treinamento prático oferece benefícios concretos que impactam diretamente na eficiência e nos resultados:

› **Aceleração do *ramp-up* e melhoria contínua:** novos vendedores aprendem mais rapidamente com o acesso 24x7 ao conhecimento e à prática simulada. Veteranos refinam habilidades em cenários específicos.

› **Consistência e padronização:** a IA garante que as melhores práticas do *Playbook* sejam consultadas e aplicadas de forma consistente em campo e que o treino reforce esses padrões objetivamente.

› **Escalabilidade do conhecimento e do treinamento:** informações e oportunidades de prática podem ser aplicadas de forma ágil e eficiente a toda a equipe, independentemente de seu tamanho e de sua localização.

› **Suporte operacional em tempo real:** vendedores obtêm respostas rápidas para dúvidas e objeções no calor da negociação diretamente do "oráculo" do *Playbook*.

› **Liberação de recursos valiosos:** gestores e vendedores experientes são liberados de tarefas repetitivas de treinamento básico e suporte operacional e podem focar em atividades de maior valor estratégico.

› **Feedback objetivo e acionável:** a IA fornece avaliações de performance (em *Role Plays*) baseadas em dados e critérios objetivos, facilitando o desenvolvimento da equipe.

MONITORAMENTO E EVOLUÇÃO CONTÍNUA

Implementar a IA no processo comercial não é o fim, mas o início de um ciclo virtuoso. Para que ela permaneça sendo um motor eficaz, o monitoramento e a evolução contínua são cruciais:

› Acompanhe os indicadores-chave (KPIs) da performance da IA e da equipe que a utiliza (assertividade das respostas da IA, tempo para encontrar informações e impacto nas taxas de conversão em etapas onde a IA oferece suporte).

› Crie canais para feedback dos usuários e incentive os vendedores a reportarem experiências positivas ou negativas. Com esses dados, é possível refinar a IA e o conteúdo do *Playbook*.

› Mantenha uma rotina de atualização regular do *Playbook* sempre que houver novas informações relevantes (produtos, serviços, mercado, estratégias etc.).

› Realize auditorias de respostas da IA para identificar e corrigir "alucinações" ou inconsistências, ajustando a base de conhecimento ou os parâmetros de interação.

COMBINAÇÃO VENCEDORA: IA, REPERTÓRIO ESTRUTURADO E TOQUE HUMANO

Ao potencializar o *Playbook* como repertório vivo e ao revolucionar o *Role Play* como ferramenta de treino, a inteligência artificial torna-se o motor da área de Vendas. Ela amplifica a capacidade da equipe de acessar conhecimento e de desenvolver habilidades em escala e velocidade sem precedentes. Esta é a tese central que perpassa este capítulo.

Note que a IA não substitui a necessidade do repertório — ela o utiliza e o torna acessível — e não substitui o fator humano — elemento fundamental da operação Comercial. A empatia genuína para construir relacionamentos, a inteligência emocional para ler a sala e os sinais não-verbais, o julgamento estratégico em situações ambíguas e a capacidade de construir confiança profunda são competências humanas que a IA, por mais sofisticada que seja, ainda não possui.

A combinação vencedora no mercado atual tem o repertório de excelência (sistematizado no *Playbook* e aprimorado no *Role Play*), a capacidade de processamento e suporte da IA e a execução com a insubstituível maestria humana. A união desses três elementos potencializa a área de Vendas a níveis até então inimagináveis.

Capítulo 13

Últimos pensamentos sobre as mudanças que serão provocadas pela IA nas carreiras, nos negócios e na vida

Ainda consigo me lembrar do clique ao fechar a gaveta do disquete. Na minha antiga rotina, etiquetava manualmente os disquetes que levariam as atualizações do nosso software até os clientes. Depois de gravá-los, eram cuidadosamente colocados em envelopes e enviados pelos Correios ou pela transportadora. Eu tinha acabado de entrar como estagiário no Grupo VIASOFT e essa era uma das tarefas do meu dia a dia.

Também me recordo da movimentação em volta do fax instalado na recepção da empresa. Clientes enviavam os modelos de documentos desenhados à mão. Página por página! Recebíamos aquelas folhas e as transformávamos em layouts de relatórios no sistema. Havia fila para usar o aparelho.

Um dia, sem cerimônia nem despedidas, formatei meu último disquete. Recebi meu último fax. E sequer percebi. O mesmo ocorreu com os CDs. Depois com os DVDs. Mais tarde com HDs externos e pendrives. Um a um, esses dispositivos desapareceram da nossa rotina sem aviso prévio ou grandes anúncios. Simplesmente deixamos de utilizá-los.

O telefone fixo residencial seguiu o mesmo destino. Um dia foi símbolo de status. Depois, tornou-se comum e, finalmente, ficou invisível. Até que tocou pela última vez. Alguém atendeu e ele nunca mais foi requisitado.

A mudança é silenciosa. Não pede licença, nem envia avisos antecipados. Quando nos damos conta, já estamos do outro lado.

Com a inteligência artificial, estamos vivendo exatamente esse momento. Ou melhor: ele já passou. Estamos vivendo o equivalente ao "último disquete" da nossa geração. E poucos perceberam.

A IA está transformando tudo: o que fazemos, como fazemos e quem somos durante esse processo. Dessa vez, não se trata de uma mudança setorial, lenta ou localizada. É uma revolução global, acessível, econômica e implacável.

Diferente de transformações anteriores, a IA não oferece tempo extra para adaptações, especialmente para os procrastinadores. Não haverá ajustes graduais. A IA não é paciente. Não espera. Ela substitui implacavelmente.

Substitui competências. Substitui profissionais. Substitui até mesmo o conceito de produtividade. Não estou falando de previsão nem de futuro e sim mostrando a realidade e o presente. Vejo isso diariamente em empresas, equipes e conversas com líderes das mais diversas áreas.

O agravante é que estamos vivendo na era da infotoxicação. Um período em que a atenção humana está constantemente sequestrada por conteúdos superficiais, repetitivos e hipnotizantes. O tempo que antes era dedicado ao aprendizado e à reinvenção pessoal agora é desperdiçado em pequenas doses de dopamina, que cobrarão caro lá na frente.

Diante desse quadro, dois caminhos se desenham.

De um lado, profissionais verão sua relevância desaparecer, sua renda diminuir e seu estilo de vida colapsar. Suas habilidades serão rapidamente engolidas pela IA. O que antes era diferencial se tornará obsoleto.

Do outro lado, uma minoria que entenderá rapidamente as regras do novo jogo e terá chances reais de prosperar. Esses indivíduos construirão soluções, liderarão times compostos por agentes de IA e entregarão resultados que antes exigiam dezenas ou centenas de pessoas. Alguns desses profissionais poderão alcançar resultados extraordinários e posições de destaque no mercado, graças à sua capacidade de adaptação e domínio das novas ferramentas.

Infelizmente, em muitos setores, há indícios de que profissionais poderão ser dispensados diante da aceleração tecnológica. Aqueles que demorarem a buscar alternativas podem perceber uma redução nas oportunidades disponíveis. Em cenários assim, é possível que muitos trabalhem mais, ganhem menos e, ainda assim, enfrentem o risco de estagnação profissional.

Isso vale para todos os setores: saúde, educação, advocacia, tecnologia, construção civil, agronegócio e finanças. Médicos, professores, consultores, desenvolvedores, arquitetos e CEOs precisam se atentar. Ninguém está imune. Mesmo os conselhos de classe e entidades representativas terão desafios imensos para acompanhar o ritmo acelerado da evolução da IA — e dificilmente conseguirão conter sozinhos o avanço de sua aplicação prática nos mercados.

É preciso inovar e criar soluções inéditas com ela. E, acima de tudo, ter coragem para aceitar que sua profissão talvez não exista mais daqui a alguns anos — pelo menos não da forma como você a conhece hoje.

Não me considero um futurologista. Tampouco sou adepto de especulações sobre o que nos aguarda no curto, médio e longo prazos. Evito fazer previsões quando o assunto é tecnologia. As chances de errar são enormes e o risco de tornar qualquer projeção obsoleta é ainda maior. Porém, meu verdadeiro propósito não é adivinhar o futuro com exatidão e sim instigar em você, leitor, uma reflexão profunda e necessária sobre o que está por vir.

Se você chegou até aqui, sinto que tenho o dever de despertar essa inquietação sobre os possíveis — ou melhor, inevitáveis — impactos que a IA provocará na sua vida profissional.

Minhas previsões até podem falhar. Entretanto, o que não pode acontecer é você se tornar o "último disquete" e assistir paralisado a inteligência artificial ocupar o seu lugar no *drive*. Desta vez, não é um mero suporte de armazenamento que ficará obsoleto. É você como profissional que corre o risco de ser formatado pela IA. O mundo não vai aguardar o seu próximo upload. Ou você adapta seu modelo mental, desenvolve novas habilidades e redefine seu propósito para coexistir e produzir resultados lado a lado com a IA, ou, tal qual um disquete esquecido, ficará relegado ao passado como uma relíquia de uma era que já não existe.

Para entender a profundidade dessa "formatação" silenciosa, precisamos olhar para as camadas de impacto que a inteligência artificial já está desenhando no mercado de trabalho e nos negócios. É uma transformação que se desdobra em ondas progressivas, cada uma redefinindo o que significa ser relevante.

RUMO À IA PERVASIVA: AS ONDAS DE IMPACTO

Para entender a magnitude das ondas que prevejo, preciso elucidar o que significa IA Pervasiva. Não se trata mais de usar uma inteligência artificial como uma ferramenta isolada — um aplicativo de celular, um software específico no computador ou um chatbot que você aciona. A IA Pervasiva é aquela que está espalhada, integrada e operando constantemente em nosso ambiente, muitas vezes sem que sequer percebamos.

É a inteligência que se torna parte do próprio tecido da realidade em que vivemos e trabalhamos. Ela está embutida nos dispositivos que usamos (carros, eletrodomésticos, *wearables*), nos espaços físicos que habitamos (casas, escritórios, fábricas, cidades) e nos sistemas invisíveis que gerenciam infraestrutura, comunicações, mercados e serviços.

A IA Pervasiva opera no fundo, no ambiente, de forma contínua, aprendendo e se adaptando. Os carros se comunicam entre si e com a infraestrutura das ruas para otimizar o tráfego em tempo real. Nas fábricas, máquinas e processos são monitorados, ajustados e otimizados por sistemas de IA interconectados. As cidades gerenciam de forma autônoma o consumo de energia, a coleta de lixo e a segurança pública com sistemas de IA conversando entre si. E os assistentes digitais baseados em um conhecimento profundo do seu contexto e histórico antecipam suas necessidades e gerenciam tarefas complexas interagindo com dezenas de outros sistemas digitais em seu nome.

A inteligência artificial se tornará tão comum quanto a eletricidade e a internet. Ela estará presente em todos os lugares, influenciando decisões e processos em tempo real. Muitas vezes, será invisível em sua operação diária, mas fundamental para o funcionamento do ambiente. É o cenário que pavimenta o caminho para as próximas ondas de transformação radical.

A PRIMEIRA ONDA: AUTOMAÇÃO PERVASIVA DE TAREFAS PREVISÍVEIS

A onda inicial, que já nos inunda, é a da automação implacável de tarefas rotineiras e previsíveis. São atividades que demandam esforço humano físico e/ou cognitivo, seguem padrões reconhecíveis e podem ser executadas com base em regras ou análise de dados estruturados.

Pensemos nos processos básicos operacionais comuns em sistemas de gestão[11]: análise de compras, negociações, contratos e controle de estoques. Ou mesmo no Ciclo de Vendas completo — da prospecção ao fechamento. Cada etapa ainda exige intervenção humana significativa, mas já existem tecnologias que tornam sua automação não apenas viável, como inevitável em diversas empresas.

11 As reflexões aqui apresentadas são baseadas em experiências práticas e observações de mercado, com exemplos didáticos adaptados para preservar estratégias específicas das organizações envolvidas.

A tecnologia em que agentes de IA absorvem facilmente tarefas operacionais, analíticas de baixo nível ou de controle — que hoje empregam milhares de pessoas — já existe. Essa transformação só não avança de forma mais acelerada em muitas organizações devido a barreiras culturais legítimas, receios sobre o impacto humano e à necessidade de alinhar essas mudanças com os valores e a identidade organizacional.

Vejamos o exemplo de um setor de Suporte ao Cliente: uma equipe de 100 pessoas dedicada a responder perguntas frequentes, triar chamados e executar procedimentos padronizados. Ela poderá ser reduzida a apenas cinco profissionais. Esses poucos colaboradores serão os responsáveis por supervisionar a IA, refinar os modelos e lidar com exceções complexas.

O impacto inicial dessa onda é a substituição em massa de funções baseadas em execuções previsíveis. Funções predominantemente operacionais e previsíveis, em muitos setores, tendem a ser automatizadas com maior rapidez, o que pode reduzir a demanda por esses papéis no formato atual. Este é o ponto de partida do dramático efeito dominó reverso. Profissionais antes qualificados são empurrados para posições de menor remuneração e deslocam quem já estava lá. Essa substituição silenciosa já começou e é visível na estagnação da contratação operacional, mesmo em empresas que crescem.

Nessa primeira onda, o lucro líquido por colaborador inevitavelmente dispara. Contudo, o custo total não diminui. Ele apenas migra de forma significativa: da folha de pagamento massiva, que encolhe, para os pesados investimentos em IA e para a alta remuneração dos poucos especialistas essenciais à orquestração da nova dinâmica.

A SEGUNDA ONDA: AMPLIFICAÇÃO HUMANA COM O PENSAMENTO HÍBRIDO

Enquanto a primeira onda substitui, a segunda amplia. A IA torna-se uma extensão poderosa do próprio raciocínio humano e dá origem ao pensamento híbrido. Esta é, talvez, a capacidade mais extraordinária que a inteligência artificial oferece hoje — embora muitos ainda a limitem a pequenos ganhos incrementais.

Nesta onda, a relação entre humano e máquina é de colaboração profunda. A IA age como copiloto e eleva nossas capacidades em tarefas que exigem julgamento, criatividade e contextualização. Porém, essa parceria vai além da simples assistência. A IA também assume o papel de supervisão inteligente, analisando o trabalho do profissional, sugerindo otimizações, apontando inconsistências e monitorando a eficiência da interação.

Essa dinâmica exige do profissional um conjunto renovado e crítico de habilidades: a capacidade de interpretar os insights e resultados complexos da IA; exercitar o pensamento crítico para validar ou questionar as sugestões da máquina; e gerenciar a colaboração híbrida de forma proativa e eficaz. É nessa intersecção que o valor humano se redefine em tarefas como diagnósticos médicos assistidos, design generativo, análise jurídica avançada, programação e análise estratégica de dados.

É aqui que surge o profissional "tradutor-estrategista": aquele que domina métodos, fluxos e mapas mentais, atuando como ponte entre a ambição dos negócios e os motores algorítmicos.

A capacidade de comunicar contextos com clareza torna-se a nova moeda. Afinal, modelos de IA sofisticados, sem um contexto evidente, geram outputs desalinhados ou inúteis, ampliando o desperdício — como os 70% de retrabalho em software decorrentes de requisitos mal especificados. Profissionais capazes de transformar conhecimento tácito em contexto claro e reutilizável tornam-se vitais, prevenindo falhas e vieses algorítmicos.

Eu mesmo vivencio essa onda. Ao usar a IA como meu Segundo Cérebro, em uma extensão criativa do meu córtex biológico, produzo pelo menos quatro vezes mais. Essa experiência híbrida já gera resultados extraordinários, ainda que em fase inicial. Essa onda valoriza não quem usa a IA apenas para fazer o mesmo mais rápido, mas quem a utiliza para criar novas e melhores formas de atingir objetivos, reimaginar processos e gerar impacto exponencial. Os profissionais que souberem contextualizar, orquestrar e aprimorar a IA para esse fim se destacarão, tornando-se capazes de gerar impactos equivalentes aos de equipes inteiras do passado.

A TERCEIRA ONDA: SISTEMAS AUTÔNOMOS E A ORQUESTRAÇÃO DO ECOSSISTEMA

A progressão natural da automação e o aumento das funcionalidades levam à terceira onda: a IA assume a orquestração de sistemas complexos e interage de forma autônoma além das fronteiras de uma única organização. A própria inteligência artificial se torna cada vez mais autossuficiente no gerenciamento de outros agentes de IA.

Veremos sistemas de IA não apenas executando tarefas internas, mas interagindo com sistemas externos. Agentes de IA de uma empresa poderão negociar cotações e fechar contratos de compra diretamente com agentes de IA de fornecedores distintos, seguindo *Playbooks* complexos de compliance, regras de negócio e otimização sem a necessidade de intervenção humana a cada passo da transação.

Nesta onda, muitos "orquestradores" da fase anterior verão seu papel evoluir novamente ou se reduzir, à medida que a IA se torna capaz de otimizar seus próprios processos e interações em larga escala. O que restará, de forma crítica, para os seres humanos será a capacidade de definir a estratégia de alto nível, os objetivos e os limites éticos e morais para essas interações autônomas. O papel humano se concentrará no "planejar, organizar, dirigir e controlar" em nível macro, traduzindo a visão estratégica e a ambição em diretrizes para ecossistemas de IA.

O mercado de trabalho sentirá um impacto ainda mais severo. Funções de negociação, mediação e análise de mercado, tradicionalmente baseadas na interação humana e em táticas específicas, serão profundamente transformadas ou automatizadas.

A QUARTA ONDA: A CRIAÇÃO DE NOVAS FUNÇÕES E INDÚSTRIAS NATIVAS DE IA

Em meio a tantas transformações, surge a quarta onda. Ela é a mais difícil de visualizar em sua totalidade pois consiste na criação de empregos, funções e até indústrias inteiramente novas que só são possíveis por causa da IA Pervasiva.

Assim como a internet criou profissões que eram inimagináveis até os anos 1980, a IA será o catalisador de novos tipos de trabalho. Poderemos ver o surgimento em larga escala de profissionais que não venderão suas horas para uma empresa, mas oferecerão "assinaturas" de agentes de IA altamente treinados, capazes de atender a múltiplos clientes simultaneamente. Especialistas em domínios específicos (como análise de requisitos, consultoria fiscal etc.) poderão empacotar seu conhecimento em agentes de IA e comercializá-los. Surgirão funções focadas na ética e governança de IA em ambientes complexos, no design de interações humano-IA de próxima geração ou na construção e manutenção de ecossistemas de IA.

Esta onda representará a recalibração da economia e da força de trabalho. A inteligência humana e sua capacidade única de contextualizar, questionar e inovar se combinarão com o poder computacional da IA para gerar valor de maneiras inéditas.

Todas as ondas citadas não são previsões distantes. A primeira é realidade. A segunda avança rapidamente. E as sementes da terceira e da quarta estão plantadas e, para alguns setores e organizações, já se materializam. Milhares de profissionais dedicam-se a funções com data marcada para expirar, enquanto líderes míopes ou temerosos negligenciam a urgência e os ganhos possíveis. O maior inimigo não está fora das empresas, mas dentro delas e na acomodação dos profissionais.

Se não forem acompanhadas por adaptação massiva e políticas de transição, essas ondas podem gerar crises de desemprego inéditas e concentração de poder e consumo nos poucos que dominarão as novas dinâmicas.

Não há uma "onda salvadora" externa nem uma única ideia revolucionária capaz de resolver tudo. A única saída pragmática é a ação imediata: desenvolver continuamente novas competências, aprender o "pensar híbrido" usando a IA como extensão e aderir integralmente ao seu uso estratégico. Manter-se relevante deixou de ser um diferencial competitivo e tornou-se um requisito básico para sobreviver ao iminente efeito dominó reverso.

Acredito que a verdadeira transformação e a chance de prosperar começam dentro da mentalidade de cada profissional e líder. As empresas que entenderem isso, agirem rapidamente e combinarem as inteligências humana e artificial vão ocupar o espaço deixado pelos concorrentes que esperaram.

Espero que a reflexão baseada na análise das quatro ondas provoque a inquietude necessária para levar você à ação imediata, construindo através da IA um futuro promissor.

SER HUMANO EM UM MUNDO ARTIFICIALMENTE INTELIGENTE

Durante o período em que me dediquei a escrever este livro, novos lançamentos e capacidades impressionantes da inteligência artificial emergiram diante dos nossos olhos. Muitas pessoas hoje se questionam: "O que mais a inteligência artificial será capaz de realizar?". Uma pergunta intrigante e complexa, cujas respostas correm o risco de se tornarem obsoletas em poucos meses, semanas ou até dias.

Para encerrar esta obra, trago à tona uma reflexão que surgiu durante uma palestra recente que ministrei numa universidade para membros da diretoria do Conselho Regional de Administração do Paraná. Tratava-se de um painel no qual dividi o palco com um professor especializado em inteligência artificial. Meu papel ali era apresentar as perspectivas práticas e os resultados diretos da experiência da IA nas trincheiras empresariais.

Próximo ao final da palestra, avistei no anfiteatro Eugenio Mussak, renomado palestrante e autor que respeito profundamente. Sempre sagaz e preciso em suas reflexões, ele pediu o microfone e me fez uma pergunta que ecoa até hoje em mim:

— Fábio, diante de um cenário em que a inteligência artificial demonstra uma capacidade cada vez maior de assumir praticamente todas as tarefas e responsabilidades — inclusive as intelectuais —, pergunto: o que a inteligência artificial jamais será capaz de fazer pelo ser humano?

Houve um silêncio profundo. Nos primeiros segundos, respondi com uma abordagem previsível e até superficial. Disse que os momentos especiais como os vivenciados por pais e filhos e os instantes de intimidade entre pessoas que se amam nunca poderiam ser delegados a uma máquina. Rapidamente, passei o microfone ao colega palestrante, mas fiquei inconformado com minha resposta tão clichê.

Enquanto ele falava, minha mente inquieta não parava de trabalhar. Incomodado com a superficialidade daquela resposta inicial, comecei a refletir mais profundamente e percebi algo essencial. Apesar de a inteligência artificial já ser capaz de simular sentimentos e emoções com incrível eficácia, caberá sempre ao ser humano expandir sua consciência e exercer discernimento para jamais confundir uma relação genuinamente humana com uma relação simulada por máquinas. Este talvez seja um dos maiores desafios de conscientização das futuras gerações.

Interrompi brevemente o colega palestrante para retomar o microfone e expressar finalmente a conclusão que tanto me inquietava: a inteligência artificial jamais assumirá a responsabilidade moral e ética do ser humano.

Por mais que a IA evolua — e ela certamente evoluirá de formas inimagináveis —, a responsabilidade moral e ética por tudo o que permitimos, autorizamos e desenvolvemos será sempre nossa.

Este é o limite e o grande privilégio dos seres humanos. Não se trata apenas de dominar a tecnologia, mas sobretudo de entender profundamente o que significa a condição humana em um mundo cada vez mais artificialmente inteligente. Este é o grande desafio. E a nossa maior oportunidade.

Comecei essa jornada criando um Segundo Cérebro na inteligência artificial porque temi não estar presente no futuro próximo. Queria compartilhar com minha filha tudo o que aprendi, vivi e valorizei. Porém, compreendi que o verdadeiro legado que poderia deixar a ela não estava em respostas prontas de um cérebro digital, e sim na consciência de que sua humanidade, ética e capacidade de reflexão sempre serão o seu maior patrimônio. Gostaria que ela entendesse — assim como você, que me lê agora — que a maior promessa da inteligência artificial é revelar e potencializar o que existe de melhor em cada um de nós.

"A inteligência artificial jamais assumirá a responsabilidade moral e ética do ser humano."

PUBLICAÇÕES